《创造 6000 个客户的秘密》
推荐语

  吕启彪是保险界爱的使者！能拥有 6000 多个客户，是一个销售人员的辛勤和努力，是客户对他的认可和信任。每一张保单的背后，每一个服务客户的情谊，只有做销售的人员才能体会！祝福启彪在保险路上越来越好，创造更卓越的成就！

中国大陆首位 MDRT 会员　寒宏

  山高人为峰！在中国乃至世界保险业，启彪就是一个故事、一个传奇。现在，奇迹背后的秘密即将揭晓……

著名保险激励导师　于文博

  吕启彪是天才型的超级业务高手，他做事勤奋认真、积极坚持；做人热心用心、亲切随和，是智慧饱满、才华洋溢，具有前瞻思维、格局宏观的超级保险战将。他是所有保险营销员中，最值得借鉴学习的顶尖标杆人物！

中国台湾寿险天后　庄秀凤

  无论何时见到启彪老师，总能被他所感染和激励。20 多年来，启彪老师被邀请到全世界几十个国家和地区演讲，为中国保险人链接世界保险业起到积极的推动作用。为"保险国际吕"骄傲，为我是中国保险人自豪！

保博士创始人　冯世博

"启彪精神"长在我心，他的坚持和勤奋，是许多行业同仁的榜样！如今吕老师更创大爱，用书来传授展业心法，为我们保险人的生命加分。金银有价爱无价，金玉良言传天下，让我们一起拜读他的秘籍，创造更多行业价值！

中国台湾保险行销冠军　陈立祥

启彪兄的新书问世，这是华人保险从业人员的一大幸福。连续776天，每天至少一件保单，这不是常人可为。启彪兄服务6000多客户，期间的经过、挫折或得意处，必然是举世保险人最佳的借鉴和遵循方向，特此祝贺并学习之！

中国台湾保险泰斗　陈亦纯

对于启彪，我最佩服他的是"坚持、训练、执行"。这六个字看起来简单平凡，但是20多年落实下来却相当的不平凡。启彪776天的连续签单就是落实坚持与执行，才有如今照顾到6000多家庭的非凡成就。恭喜启彪再创人生高峰，峰峰相连！

中国台湾MDRT主席　吕宣慧

我的良师益友吕启彪老师这本新书，凝聚着他无比热爱的保险事业20年的真实历程。我拜读之后，发自内心地认为，此书真的是每一个在保险行业想成功的同仁——想在最短时间拥有最多客户的同仁，必读必学的一本价值百万的事业成功宝典！

语言培训师　王天成

签名售书与伙伴亲切交流

2010年参加中国人寿台湾高峰会

2012年参加中国保险精英圆桌大会

2014年参加中国保险精英圆桌大会

2013年参加第86届美国百万圆桌大会

2015年参加第88届美国百万圆桌大会

2014年参加第87届美国百万圆桌大会

2017年参加第90届美国百万圆桌大会

2017年参加第二届世界保险互联网大会并接受表彰

2017年参加总公司精英高峰会

2017年参加总公司高峰会并当选副会长

参加总公司精英高峰会接受荣誉表彰

在MDRT大会与全国保险精英合影

1	2
3	4
	5

1. 与中国人寿总经理吴焰合影
2. 与中国保险行业协会会长王宪章先生合影
3. 与台湾保险理财规划协会林天赐理事长合影
4. 与MDRT香港主席梁伟明合影
5. 与美国保险天王所罗门希克斯合影

与香港保险泰斗容永祺先生合影

与文菊田女士合影

与台湾寿险顶尖高手陈品妏老师合影

与台湾陈玉婷老师和李佳蓉老师合影

与中国保险皇后刘朝霞女士合影

与蹇宏老师合影

与主持人李霞合影

与央视主持人宋英杰合影

在 MDRT 与保险泰斗梅第大师合影

在 MDRT 与陈春月老师合影

与 MDRT 大中华区主席祁彬女士合影

荣获 2008 年中国保险十大金圆桌奖"最佳持续开单奖"

荣获 2008 年中国保险十大金圆桌奖"最佳持续开单奖"

荣获 2009 年中国保险十大金圆桌奖"最佳保单件数奖"与叶云燕女士一起接受表彰

2016年参加中国保险名家大会并接受表彰

2010年台湾巡回演讲

参加首届中国保险名家颁奖盛典
并进行大会分享

荣获总公司高峰会副会长并进行分享

连续签单776天主题分享

参加马来西亚寿险与理财峰会并现场演讲

荣获 CMF 中国保险精英圆桌大会"终身会员奖"

参加华人环球百万圆桌精英高峰论坛做分享嘉宾

与全国寿险精英进行分享交流

作为会议讲师台上分享

在保险与理财研讨会进行分享

在中国保险精英圆桌大会主会场上进行演讲

在亚洲华人保险与理财协会进行演讲

参加 MDRT 大会旅行途中

创造6000个客户的秘密

吕启彪 李墨 ◎著

中国商业出版社

图书在版编目(CIP)数据

创造 6000 个客户的秘密/吕启彪，李墨著. ——北京：中国商业出版社，2017.6

ISBN 978-7-5044-9818-2

Ⅰ.①创… Ⅱ.①吕… ②李… Ⅲ.①保险业—市场营销学 Ⅳ.①F840.4

中国版本图书馆 CIP 数据核字（2017）第 076974 号

责任编辑：王彦

中国商业出版社出版发行
010－63033100　www.c－cbook.com
（100053　北京广安门内报国寺 1 号）
新华书店经销
廊坊市华昌印务有限公司

* * * *

710 毫米×1000 毫米　1/16 开　14 印张　250 千字
2017 年 12 月第 1 版　2017 年 12 月第 1 次印刷

定价：50.00 元

* * * *

（如有印装质量问题可更换）

序言 PREFACE

始终如一，不忘初心

王宪章

1998年，中国人寿举行了第一届总公司表彰会。我记得那次表彰会是在一艘轮游上举行的，总共表彰了来自全国各地的500名营销精英。其中有一位最年轻的小伙子引起了我的注意，他个子不太高，但是眼睛特别亮，充满了渴望与激情。

经过介绍，我知道他叫吕启彪，来自一个小城市——廊坊。这让我有些意外，他当时只有二十多岁，入行不过两年，却能够进入全国500强精英行列，着实不简单。于是我就特意鼓励了他几句，告诉他保险是一个朝阳行业，未来一定有很好的前景，让他好好干，他听了有些激动。

此后,每年的中国人寿高峰会都有他的身影,看来他真的是一直在努力。不仅如此,由于业绩十分突出,他已经从中国人寿的精英成长为全国精英,经常参加一些全国保险行业的活动,所以我们碰面的机会逐渐多起来,对他也慢慢熟悉了。

有一年,中国保险行业协会在北京人民大会堂举行全国"保险之星"和"十大保险明星"表彰大会,其中又有吕启彪,是最年轻的获奖者之一,让我十分欣喜。我以中国保险行业协会会长的身份给他颁奖。没想到,后来他居然连续五年荣获中国十大保险明星!这在全国几百万保险营销员中可谓凤毛麟角,尤其他这么年轻,又来自一个小城市。

后来,在中国人寿每年的高峰会、中国保险行业协会,以及中国保险精英圆桌大会等会议上,我们经常见面。这么多年来,我见证了他的成长,看着他从当初那个带有几分青涩的学员、获得者,逐渐走上讲台,成为各种大型场合的演讲嘉宾,成为中国几百万寿险营销员的榜样。

从认识他到现在,已经快二十年了。这些年来,很多第一代保险营销员都离开了营销一线,甚至很多都流失了。而吕启彪一直在坚持,业绩和客户量也不断提升。这二十年间，中国社会发生了巨大的变迁，中国保险业也实现了跨越式的大发展。今天，中国已成为世界第二大经济体，也是第二大保险市场。正是吕启彪这一代保险营销员，以披荆斩棘的开拓精神，为中国保险营销探索出了一条成功之路，为行业发展做出了重要贡献。

今天的吕启彪，已经从初出茅庐的行业新人，蜕变为站在中国保险营销最前沿的标杆人物。从业21年，他创造了一个又一个足以让同行仰视的纪录。这些成绩的取得绝非偶然，是出于他对保险事业发自内心、始终如一的热爱与坚持，是他不忘初心、谦虚好学的结果。

现在，他将自己多年来的从业经历与心得结集成了这本书。这是他21年的心血之作！我希望有更多保险同行，尤其是刚入行的新人，能够看到这本书，看看第一代保险营销员走过的奋斗历程，也由此更加清楚地看到中国保险业的光明未来。

我也衷心祝愿启彪在寿险事业上取得更大的成就，为中国保险业的发展做出新的贡献！

（作者系中国人寿保险集团前董事长，中国保险行业协会前会长）

保险是他的信仰和追求

容永祺

　　大约在十二年前，我和吕启彪在新加坡的一个国际保险大会上相识。作为那次大会的演讲嘉宾，我分享了自己二十多年的从业历程与团队发展之道。

　　会议期间，有许多人找我合影留念，这其中就有吕启彪。我之所以在那么多人中记住了"吕启彪"这个名字，是因为他的朴实、谦和与诚恳让他显得与众不同，给我留下了很深的印象。我们有了简单的交谈，我知道他来自中国人寿，做出了不错的成绩。

　　后来我们又在马来西亚、台湾的高峰会相见。这期间，听说他创造了776天连续签单纪录，并且在台湾举行了巡回演讲，甚至引起了台湾保险界的轰动，这让我对这个年轻人刮目相看，感觉他非常了不起，从他身上也看到了中国内地保险业的飞速发展和保险人的巨大进步。于是，我很真诚地邀请他到香港来做分享。

后来他来到香港，在我们公司做了两场分享。第一场是和中国保险精英圆桌大会主席蹇宏，第二场是和新西兰地区首位华人MDRT主席陈春月一起演讲。他是一个做事非常认真，有强烈目标感，同时讲课又幽默风趣的老师。通过他的这两次分享，香港同行进一步了解了内地保险业的许多情况，两地的交流也得以加强。

他谦虚好学，很尊重同行，特别是行业内的前辈。而对于我来说，实际上互为良师益友，因此我们成了忘年交。

他每年都必定参加MDRT大会，每次都会深有感触，我们每次都会拍一张合影。我感觉他是真正在学习和践行MDRT的种种精神，他是真正用心在做保险，将保险当作他的信仰和追求。

这些年，随着中国内地保险业快速发展，从业人员对外交流加深——比如对MDRT以及香港保险资讯等方面的需求越来越多——启彪作为最具国际视野的营销员之一，曾多次与我一起参与在各地举行的MDRT巡讲。我们共同分享产品结构、销售技能、团队成长等方面的课程，在这个过程中，我们关系非常密切，除了交流保险，也讨论一些做人做事的话题。2015年在青岛，我给他颁发MDRT大使奖，他非常开心。

在我看来，中国内地的保险营销员中，尤其是男性业务精英，吕启彪具备很好的综合素质、很高的演讲水平。所以我非常乐意把他推荐给世界各地的很多保险大会，代表中国保险界去做分享和交流。

多年前，他在我家里对我从业三十年获得的一些荣誉表示敬意。我曾对他说："这些你将来一定都会有的，也许你今后比我的成就还要大，还会超越更多的人。"这不只是鼓励的语言，而是我的心里话。因为他是一个爱学习、乐观、积极、有目标的人，而中国内地的市场很大，只要努力，就可以创造很多奇迹！

我相信这本《创造6000个客户的秘密》一定能够大卖，我也相信启彪还会有7000名、8000名，甚至更多的客户。希望他能够在寿险营销的道路上走得更远，业绩越做越好，团队越来越大！

（作者系友邦保险〈国际〉执行总监，香港太平绅士，全国政协委员）

中国保险业的骄傲

刘彦斌

我跟吕启彪结缘于我很多年前在厦门的一次讲课。那次我讲的是理财投资渠道以及中国人寿保险未来的发展，吕启彪是那次课程的一名学员。课程结束后，他特意找到我，表示很喜欢我课程的内容和讲课的风格，有意犹未尽的感觉，希望今后能够学习交流。

当时我就觉得这个年轻人非常好学，对他产生了很深的印象。后来，我得知他的业绩非常好，演讲的机会也越来越多，逐渐成为了保险业界知名的讲师。我们经常在各种会议上同场演讲，从最初的"师生"关系变成了讲师同行，并逐渐成为生活中坦诚相待的朋友。

我们经常讨论中国保险业的发展，包括产品的设计、产品的价值、从业人员综合素质的提升、各家公司未来产品的走向以及国际保险业发展趋势等等。

这些年，我们每年都有几次机会见面，甚至在机场就遇到过好几次。机场那么多人,但他能远远地在人群中认出我,然后十分兴奋地挤过来。我感觉他是一个特别用心的人,而我也一眼就能认出他的背影。

我们每次见面都有聊不完的话题,不仅如此,我们还经常电话沟通,有时候一聊就是半小时,甚至一小时。我们谈保险相关的知识,也有生活中的交流、探讨。虽然我们都很忙,但是交流非常默契,因为我们的价值观一致,很多方面的观点也一致,容易达成共识,所以逐渐成为很好的朋友。

他说我近几年演讲的范围更广泛、更实用、更接地气。事实上,我虽然经常在保险业讲课,也给其他行业讲保险,但我毕竟不是保险专业人士。启彪作为一位资深的保险从业者,我从他身上学习到了更多专业知识。每次演讲,我们都互相认真地倾听,给对方掌声和鼓励,在这种交流和鼓励中不断进步。

他在廊坊这样一个小城市能做出这样的业绩,创造了776天连续签单纪录,在全世界都十分罕见。他21年如一日,孜孜不倦,现在又开始带领团队前进,让我十分钦佩。

随着中国经济的快速发展,中国保险业一定会越来越好,今后,中国人买保险会越来越多,保险需求会越来越大。中国保险业需要更多年轻人加入进来，需要从业人员更加专业、职业，为更多客户提供服务。这就需要更多像吕启彪这样的榜样力量，引领更多营销员成为真正的职业经理人。

我衷心希望更多的保险同行能够读到这本《创造6000个客户的秘密》，希望更多的人从中学习吕启彪的优点，从中汲取智慧和力量，能够创造2000名、3000名、5000名甚至更多的客户。

我期待吕启彪取得更大的成就，走向更大的舞台，走向国际保险市场，创造更多的纪录，成为中国保险业的骄傲！

（作者系"理财规划师国家职业标准"创始人，理财规划师专业委员会秘书长）

目 录

序言 ·· 1
  始终如一,不忘初心 ·················· 王宪章 1
  保险是他的信仰和追求 ················ 容永祺 4
  中国保险业的骄傲 ···················· 刘彦斌 7

上篇 吕启彪的秘密

第一章 梦想启航 ······················· 3
  1. 思路决定出路,公务员兼职跑保险 ··········· 5
  2. 一份蛋糕,换回 11 张保单 ··················· 9
  3. 一次转介绍,签下 80 单 ···················· 14
  4. 锋芒毕露,勇夺五连冠 ···················· 18
  5. 自我完善,生气不如争气 ·················· 22

第二章　升华信仰 …………………………………… 27

1. 面对客户的遭遇，使命必达 …………………… 29
2. 烛光里的妈妈，延续保险之爱 ………………… 33
3. 专一、专注，才能专业 ………………………… 37
4. 走进 MDRT，保险是一种信仰 ………………… 41

第三章　挑战连单 …………………………………… 47

1. 连攀高峰，成为河北连单王 …………………… 49
2. 再创纪录，登临人民大会堂 …………………… 54
3. 三度超越，伙伴们轮流陪跑 …………………… 60
4. 生死 0.01 毫米，他为保险而活 ………………… 64
5. 艰难的宽恕，只为保险的博爱 ………………… 69
6. 776 天连单，纪录为父亲停留 ………………… 74

第四章　打造团队 …………………………………… 77

1. 天道酬勤，奔跑在保险的奥运赛场 …………… 79
2. 吸引力法则，是事业亦是情缘 ………………… 84
3. 蜕变，从雄鹰到领头雁 ………………………… 89

下篇　吕启彪没有秘密

第五章　客户何来 ………………………………… 95
 1. 成交,是情感投资的回报 …………………………… 97
 2. 欲做事,先做人 …………………………………… 101
 3. 打造个人品牌,创造无限可能 …………………… 105

第六章　挺进高端 ………………………………… 111
 1. 接近高端,要学会"潜水" ………………………… 113
 2. 经营高端,投资与投入 …………………………… 118
 3. 接近高端,行走在高处 …………………………… 122
 4. 说服高端,提升专业度 …………………………… 126

第七章　持续加保 ………………………………… 131
 1. 重复需求,别低估客户的购买力 ………………… 133
 2. 突破思维定势,一位客户8000万保费 ………… 138
 3. 创造价值,让加保不断 …………………………… 144

第八章　极致服务 ………………………………… 149
 1. 服务赢人心,细节定成败 ………………………… 151
 2. 礼行天下,芝麻开门 ……………………………… 156

3. 成功无捷径，一定有方法 ················ 160

第九章　超级说服 ················ 165
1. 成功沟通，传递保险真价值 ················ 167
2. 保护神，让女性成为"女神" ················ 172
3. 重疾虽痛，保险让痛苦变轻 ················ 176
4. 沧桑人生，最美不过夕阳红 ················ 181

第十章　职业心态 ················ 185
1. 机会稍纵即逝，成功贵在坚持 ················ 187
2. 职业、创业、企业 ················ 191
3. 冠军之心，方临顶峰 ················ 195

附录一：他们眼中的吕启彪 ················ 201
附录二：吕启彪荣誉全记录 ················ 206

上篇 吕启彪的秘密

　　中国的保险江湖流传着许多关于吕启彪的故事与传说。长长的刀伤，炯炯的目光，谦和与诚恳的微笑，随时在学习的状态，为保险九死一生的神奇经历……

　　他不是最早入行的寿险代理人，但是在他身上有着太多的行业符号。他是中国大陆参加MDRT大会最多的人，他是第一位去台湾巡回演讲的大陆保险代理人，他是在国际上演讲最多的中国寿险精英，他是776天连续开单洲际纪录创造者，他在一个四线城市积累了6000多个客户……这些都是他的保险印记。

　　荣耀与艰辛，成功与泪水……他的轨迹，正是中国保险业短短20多年发展的浓缩；他的形象，就是中国寿险营销员成长的典型。

　　很多人都想知道这位"铁人国际吕"的成功秘籍。而当我们沿着字里行间重温他的足迹，或许你会发现，吕启彪原本没有什么秘籍，只是做得比别人更好！

第一章
梦想启航

20年前,一个生活在小城市的穷小子,因为目睹了别人不一样的生活,心里泛起了理想的涟漪,或者说开始躁动不安,从此开始了另一番人生。

许多东西都不是刻意,更没有人能赐予他现成的成功法则,必须不断地突破自己,创造无限可能。今日回首时,才发现走过的路既曲折艰辛,又一路向阳!

思路决定出路，公务员兼职跑保险

同样的事情，有人眼里毫无前途，有人眼里是"朝阳行业"。人的观念可以改变现状，也可以预见未来的趋势。

从北京天安门广场向东南35公里，从天津中心区向西55公里，有一个城市叫廊坊。全市总人口450万，市区人口不到百万，按现在的标准，只能算一个介于三四线之间的小城市。

城市虽然不大，却非常独特，地处首都后花园，位于两个直辖市中间，坐高铁到两市都只需要20来分钟。这样的地理位置在全世界大概也是独一无二的。更有意思的是建设中的首都新机场与天安门直线距离40多公里，距廊坊市中心只有20多公里，条件得天独厚。作为"京津走廊上的明珠"，如今廊坊的人均收入在河北省名列前茅。

时光回溯到20年前,廊坊被遗忘在两个大都市之间,默默无闻。经济不发达,人们的观念也很传统,那时候,能够端上公务员这个"铁饭碗",是许多年轻人梦寐以求的职业选择。

在这群幸运者中,有一个叫做吕启彪的年轻人。1996年,他大学毕业,成为一名公务员,那时候还叫"国家干部"。他对这份工作颇为自豪,工作安稳,但是收入并不高,他也没有什么感觉,因为他开销也少,每天就这样按部就班地工作。

大概半年后,一位做酒水推销的同学,经常请老同学吃饭。其中有一次,这位同学的妈妈也来了。饭桌上,这位阿姨拿了一张白纸对吕启彪说:"你是一个公务员,我儿子是一个推销员。这是一张白纸,其实你的人生已经写好了,从一个科员升到科长,最高可能升到局长。但是做到局长要有四个条件:高学历、人脉关系、金钱,还有个人不懈的努力。你是高学历吗?你有人脉关系吗?你家里有钱吗?还是你永远都能这么努力?"

经她这么一问,吕启彪愣住了,自从大学毕业后就一直老老实实地工作,对于自己的未来真的没有想太多。听了她的分析,心里一惊,这四个条件自己似乎哪一样都不具备。

阿姨自豪地说:"我儿子是做销售的,他才有更多的可能性。你也可以和他一样,尝试去做做销售。"她的话让吕启彪很受刺激。

没多久,这位同学又请吕启彪和同学们吃饭,这次他买了轿车。20年前买私家车的人可谓凤毛麟角,他买了一辆8万块钱的红色桑塔纳，这在当时算很高档的了。大伙儿看着这辆漂亮的车，对这位同学称赞不已。

吕启彪心里盘算了一下，自己的工资只有每月500多块钱，不吃不喝要十几年才能买得起这台车！这个反差太大了，他的内心深受震动。当天晚上他辗转反侧，如果自己也能买得起这样的车，多好！想了很久，最后下定决心：去找一份兼职，去赚更多的钱！

吕启彪开始留意报纸上的招聘广告，最后发现只有保险是适合兼职的，但是自己对保险却一无所知。

就在这时，他见到了以前的班主任。班主任问他现在做什么工作。吕启彪如实地把自己的想法告诉老师说："我现在是一个公务员，正想找一份兼职，想去做保险，老师，您觉得怎么样？"

老师一听，马上反问他，北京大不大？北京人多不多？北京有钱人多不多？但是北京有几个买保险的？北京都没有几个买保险的，何况廊坊？你不做公务员做什么保险？做公务员可以升科长，升局长，前途无量。

老师说的也是事实，当时懂保险，买保险的人太少。这对刚刚萌生出一点想法的吕启彪来说，犹如当头泼了一盆冷水，他有点垂头丧气，但是又不甘心。

不久，他又碰到另一位以前的老师——张教授，又跟张教授说了这个想法。张教授的看法却与那位老师完全不一样："中国很快就会加入WTO，中国的经济在将来会快速发展，所以，保险这个行业一定很有前途，肯定是一个朝阳行业！"这是吕启彪第一次听说保险是"朝阳行业"。

张教授又鼓励他说,你既然想做保险,就不要瞻前顾后,要大胆尝试。还特意嘱咐他:"任何销售都要从服务做起,服务好了,自然会有客户!"教授的鼓励坚定了他的信心,他去人才市场投了很多简历。但是很多天过去了,那些简历如石沉大海,杳无音讯。

终于有一天,他的BB机响了,总算有一家公司叫他去面试。他兴冲冲地赶过去,但是面试官却没有看上他,原因竟然是因为他个子比较矮,皮肤也比较黑。

过了一段时间,又有另外一家公司叫他去面试。这次去的是一家很有名的保险公司,他们阵势很大,当时有两男一女三位面试官。其中一人问吕启彪:"你三个月能做到一万块钱业绩吗?"他老老实实回答:"那可能不行。"对方一听,很失望地说:"那你不适合做保险。"

他有点沮丧地往回走,半路上,BB机又响了,他赶紧找电话回了过去。对方问他:"通知你来面试,你怎么没来呢?"吕启彪回答说:"我去了呀,你们不是有两男一女在招聘吗?他们说我不适合。"

对方笑了说:"你去的不是我们公司,我这里是中国人寿,你来这儿吧,你适合做保险!"就这样吕启彪戏剧性地来到了中国人寿。

一份蛋糕,换回 11 张保单

20 年前,买保险的人凤毛麟角,给客户送蛋糕被视为破坏市场。今天,保险意识逐渐深入人心,送礼更是重要的营销手段之一。

吕启彪最初只是想找一份兼职,增加自己的收入,对保险一窍不通,也根本没想到他以后的人生会与"中国人寿"息息相关。

入职保险公司需要 1100 元的押金,这可是他当时两个多月的工资!他根本没有这么多钱,只好打电话给关系最好的三哥。三哥来了后,立即就瞒着嫂子帮他交了押金。

吕启彪很感激,也觉得有点奇怪,三哥为什么这么爽快地帮自己交了钱呢?后来他才明白,三哥是觉得他以后要结婚、买房,需要花很多钱，所以希望他能多赚一些钱，最好不要向自己借钱。

1996年8月10号，吕启彪正式到中国人寿公司保险报到。那天一共来了70多人，总共只有两个男的，真的是女人的天下。后来进行分组，吕启彪却没有人要。他急了，逮着人就问："我跟你干好不好？"大家的回答都一样"我们组的人够了！"

吕启彪遭遇了挫折，垂头丧气地走回家。他边走边想："为什么他们都不要我？是因为年龄小？还是没有人脉？"吕启彪个头不高，性格又内向，看起来很老实，所以大家都不看好他能做好保险。

回到家，他把情况告诉了三哥。三哥一听，骑上自行车带着吕启彪又去了保险公司。进去后向工作人员要了资料，他一边翻资料一边问吕启彪："你想跟谁一组呢？"吕启彪看到其中一位胖胖的大姐的照片，觉得很面善，就说想参加她的组。

打听到胖大姐家的地址，三哥带着他去商场买了很多点心和水果去了她家。当时只有她老公在家，就跟她老公说了一大堆好话，希望他让太太多多关照吕启彪。

第二天晨会的时候，胖大姐找到吕启彪说："你就跟着我干吧，但是你千万别给我们拖后腿。"她这么一说，吕启彪还来不及感激，就感觉到压力了。

当时家里人都不同意吕启彪做保险——除了三哥，当初是他给交了押金。吕启彪后来开玩笑说他是股东，可以得到回报。

反对最厉害的是父亲，他对吕启彪约法三章：不许找亲戚，不许找朋友，不许找邻居！可一个刚刚毕业的学生，亲戚、朋友、邻居都不能找,能去找谁呢?

没有人脉,也不知道要去见谁,吕启彪就骑着自行车漫无目的地瞎转,一连转了15天一张保单也没有。

当时小组里有块小黑板,每天都会写上前一天大家的业绩,谁做了几百元,谁做了几千元,一目了然,业绩好的人还会上台给大家做分享。很长一段时间,吕启彪名字后面一直是空着的,因为他十几天没有一分钱业绩。

不久,吕启彪去北京参加一次同学聚会。大家半年多没见面,就互相介绍一下现在的工作情况。轮到吕启彪介绍,他老老实实地说自己在做保险。大家一听就问,你不是公务员吗?怎么又做保险了?

吕启彪解释说:"保险真的很好,人人都需要。以后大家结婚、生孩子可以找我买保险。"有一位早婚怀孕的同学马上说,我可没有钱买保险。大家也纷纷泼冷水,毫不留情地说,好好的公务员不做,去卖保险,不是脑袋进水了吧,还是发神经呢?

到吃饭的时候,总共27个人,本来摆了3桌,结果大家都像避瘟疫似的避开吕启彪,挤到另外两桌去了,扔下吕启彪一个人对着满桌酒菜,当时,他心里真不知道是什么滋味。吃完饭,也没有人过来跟他打招呼就都走了。

吕启彪灰溜溜地走在回家的路上,感觉非常难受,这些都是自己多年的同学呀!这半个月他没做到一分钱业绩,再经此打击,真有些灰心丧气,不想做了。

当时,公司的讲师给大家讲课,老师说做保险"年薪十万不是梦",台下一片笑声,觉得这个老师太会吹牛!当时大家的工资才几百块一个月,10万是一个遥不可及的数字。但是吕启彪听了却非常激动,这个行业能挣到10万年薪,这真是一个梦想啊!大家都不相信,很多人都先后离职了,可吕启彪相信,坚持留了下来。也许就因为他比较单纯,无知者无畏吧。

没想到,几个月以后,他真的挣到了10万元!有时候相信真的是一种巨大的力量。因为相信,梦想才能成真!

到了第16天,吕启彪在街上碰到了一位同学的母亲。她看到吕启彪觉得很奇怪,问他:"你这个时候不去上班,在瞎转什么?"

吕启彪告诉她,自己在兼职做保险,并且给她介绍了一款产品。说这个产品一年只要交800块钱,三年就可以返1000块,比存银行划算多了。这位阿姨十分热心,说她的女儿小梅(吕启彪同学的姐姐)在医院做护士长,她有一个6岁的孩子,可以介绍给她。

吕启彪听了很开心,终于有希望了!他兴冲冲地去医院找小梅姐,没想到非常顺利,稍一介绍,她就接受了,签下了一张800元的保单,一个挺吉利的数字,吕启彪终于签下了第一张保单!

这一次,他终于高高兴兴地走在回家的路上。心里想:小梅姐为什么这么爽快就答应了?难道因为我和她妹妹是同学,这好像不是理由啊。后来他想明白了,护士长每天面对很多生死,也许更懂得生命的意义,比别人更懂得保险的价值。所以,目标客户很重要,找对目标了,就会事半功倍!

三天后他去医院给小梅姐送保单。得知那天刚好是她的生日，他就想起教授曾说过："任何销售都要从服务做起。"小梅姐是自己的第一个客户，她这么支持自己的工作，给她做点什么服务好呢？最后他决定买一个蛋糕跟保单一起给她送过去，当时，一共花了28块钱。

到医院的时候，病人不多，很多医生和护士看到吕启彪送保单还提着一个大蛋糕，都好奇地过来问："这是什么样的保单，可以送蛋糕？"

吕启彪又把这个保险产品介绍了一次，大家听了都问他："如果我们也买这个保险，你送不送蛋糕？"吕启彪有点意外，没想到这么多人要买自己的保险。既然大家要求送蛋糕，没有理由拒绝。他爽快地答应了："如果你们买，我第一年也全部送蛋糕！"

结果真的有很多人买了，他一口气签了11张保单！

吕启彪回去后，全公司都轰动了，因为从来没有人一天签11张保单。领导安排他在每二天早会上给大家做分享。当时公司总共有100多人，吕启彪很开心上了台，说自己是因为给客户送蛋糕，所以签了11张保单。可是下面马上有人起哄，说你送蛋糕是破坏市场，以后客户都跟我要蛋糕怎么办？有人指责，有人埋怨，他还没说完，就被轰了下来。吕启彪的第一次分享，就这样尴尬地结束了！

但是这并没有影响他对客户的服务，因为已经答应给客户送蛋糕了，说到就要做到。

3

一次转介绍，签下80单

单枪匹马是孤胆英雄，转介绍就如同滚雪球，让市场越来越大。但你一定要做一个专业的营销员，才能赢得客户信赖。

跟很多保险营销员一样，刚开始的时候吕启彪脸皮也比较薄，不敢给同学、朋友介绍保险，只好去批发市场做陌生拜访。

有一天，吕启彪拜访了一个五金店的张老板，他给孩子买了一张800多元的保单。后来吕启彪就想，能不能让张老板给自己转介绍呢？这样自己就不用到处去找客户了。而且他们介绍的都是熟人，比自己去陌拜更容易获得信任，成功率也会更高。

吕启彪就对张老板说："您给孩子只买了一张保单，您这儿到我们家要一个小时，到我们公司也要一个多小时，以后收保费有点远，不如您给我介绍几个客户我一块儿来收。"

这时候正好来了一个王老板，这位热心的张老板就势把吕启彪介绍给王老板，建议他给孩子也买一份同样的保险。王老板看了看吕启彪说："小伙子，你看看我这双鞋，我一双鞋都两千多块，你一份保险才八百多，没有什么用，我不买。"

吕启彪一听有点急，也不知道说什么好，就反复说张老板买了，您也应该买一份。这位王老板也算爽快，就说这事他太太做主，并告诉了吕启彪他家里的电话和地址。吕启彪转身就骑上自行车奔王老板家去了。

王太太非常热情，给吕启彪又是拿水果又是倒茶。听完吕启彪介绍产品完，觉得还不错。最后问这个保险要交多少钱？吕启彪说："一年就交 800 多，三年返 1000 块，交 10 年。"一听吕启彪说完，她就失望地说："这没多大意思，才 1000 块，不买了。"吕启彪一时间也不知道要怎么说服她，只好说等大哥回来再商量吧。王太太说："我去做饭了，你等一会儿吧。"明显是在下逐客令了。吕启彪觉得好不容易来了，不甘心空手回去，于是就坐着不走。后来王太太也不给倒水了，他就自己去倒水。

终于，王老板带着孩子回来了，吕启彪就跟王老板说："您还是给孩子买一份吧，不要让孩子输在起跑线上！"王老板还是没多大兴趣，说返这么少，没什么意思。但吕启彪不放弃，坚持劝他："您看人家都买了，就多少存点吧。"经不住吕启彪一再劝说，王老板最后同意买一份。

正要签单的时候，王太太从厨房出来了，问吕启彪："一年交

800多,三年返1000块。如果我买10份,三年就可以返一万,两个孩子都买返两万,可以吧?"

吕启彪也不知道这样行不行,从来没听说谁要买这么多份。于是就借王老板家的电话,请示公司经理。经理听了觉得很奇怪,不明白他们为什么要买10份,就问是不是他家孩子有病。吕启彪说孩子好好的,他们家很有钱,住别墅!

经理也从未遇到过这种情况,就赶紧给省公司打电话请示,之后回复说可以。

这时候王太太又说:"一个人800多,两个人都买10份,3年就可以返两万,我们大人也一人各买10份行不行?"

吕启彪说这是孩子的保险,大人不能买。但是王太太坚持说大人也要买10份,要不一个都不买。这让吕启彪非常为难,只好又借电话再打去公司询问,最后公司说大人也可以买,但是要交1000元,三年返1000。

这时候王太太又改变主意了:"中国要加入WTO,中国的利息不可能一直维持在年息8.8%,所以买保险一定划算,干脆每个人买20份吧!"天啊,这样算下来总共就有80份!

真没想到在20年前,王太太就有这么精明的理财观念,比保险营销员内行得多。这也让吕启彪明白,一定要做一个专业的营销员,才能赢得客户的信赖。

这时候王太太真要签单了,吕启彪才发现根本就没带那么多保单。王太太说可以去公司签,正好可以去公司看看。

王老板开着车带着吕启彪一起来到公司。吕启彪看到这个车前面有四个圈，觉得很特别，后来才知道这车叫奥迪，在当时是非常高档的，这是吕启彪第一次坐奥迪。

签单的时候王太太拿出一大堆现金，一捆一捆的，一共有7万多。那时还是现金交易，吕启彪第一次见到那么多钱，他做梦也没想到自己的客户能一次性买80份保单。做销售真的是有无限可能！

当时他没什么经验，不知道20份保险其实是可以写在一张保险单上的，所以接连签了80份保单，叠起来有一大堆。后来想起来觉得很可笑。但凡新生事物总是有一个过程，也算是摸着石头过河吧！

4

锋芒毕露，勇夺五连冠

保险行业真的有无限可能，不管你什么学历、什么背景，只要你足够努力，就能成功！

第三天吕启彪去王老板的公司送保单。他把王老板的保单分成几叠，说："这一叠保单是您的，这是您爱人的，这是您孩子的。"王老板看了几张后，就说："行，没问题！你可以走了！"

但是吕启彪并没有走，他又想到了转介绍。既然张老板介绍的王老板这么有钱，那王老板认识的人自然也很有钱。于是吕启彪又大着胆子半开玩笑地对王老板说："你们离我家一个多小时，离我们公司也一个多小时，明年要收七八万块钱保费，放在车里要是丢了我也赔不起，您也不可能每年都送到我们公司吧。"

第一章
梦想启航

王老板也说："是呀,我很忙的,也没有那么多时间。"吕启彪一听,感觉有希望了,顺着他的话说："不如您介绍几个客户,公司就可以派车过来收钱了。"王老板想了一下,说："可以,中午我去叫几个人来,你请大家吃饭。"吕启彪问他想上哪儿吃?他说要去就去廊坊最好的海鲜酒楼。廊坊最好的海鲜酒楼吕启彪听说过,但是从来没有去过。他知道那里消费肯定不便宜,但也只能答应了。

到了中午吃饭的时候,王老板和另外三个老板开车去了海鲜酒楼,吕启彪也骑自行车去了。他们点菜的时候,吕启彪偷偷瞄了一下菜单,价格都很贵。他们每点一个菜吕启彪都很紧张,心想,这得花多少钱呀!他努力没让自己的这种心情表现出来。

还好几个老板说不喝白酒,喝啤酒。但在小卖店才卖一块钱一瓶的啤酒,到了这个酒楼却要卖15块一瓶,真的是非常贵!

吃饭的时候,王老板向大家介绍说,这个小伙子叫吕启彪,是中国人寿的,我在他这里买了保险,存800元每三年返1000元,以后肯定会比存银行划算。他们也劝吕启彪喝酒,但是吕启彪也不怎么喝,让他吃菜也不太吃,觉得实在太贵了,害怕不够吃。

他们吃完就走了,吕启彪去结账,一共280块!这是他在劳动局半个多月的工资,除了发工资那天,他身上从来没有这么多钱。他只好红着脸跟酒楼说,临时出门忘记带钱了,把自行车押在这里好了,自己回家拿钱。他还在心里嘀咕着:怎么做保险还没挣钱,自行车倒给押上了?

回到家，还是没有这么多钱，只好又去找三哥借，终于把自行车赎回来了。吕启彪刚要走出酒楼的时候，经理打电话来了，让他赶紧回公司。

原来刚才吃饭的三个老板都去了公司。吕启彪赶到公司，一见面他们就对吕启彪说："保险不用讲了，王老板买什么我们就买什么！"吕启彪这时才发现，买保险的不一定懂保险，更多的是对你的一种信任！

一转眼发工资了，其他人都是每人一个信封，但是给吕启彪却发了两个牛皮纸档案袋。当时他也没在意，都没打开就拿回去了。

回家打开一看，吕启彪吓了一跳，两个牛皮纸袋鼓鼓的都是十元一张的人民币，他数了三遍终于数清楚了，总共78500块！也不知道这笔钱是怎么算出来的，简直不敢相信这是自己这个月的收入！

吕启彪给了爸爸3000块，又拿了5000块钱买了一台诺基亚手机挂在腰上，他成了公司第一个买手机的人。

之后半个月吕启彪都没敢去保险公司上班，觉得一定是发错工资了。公司打他呼机，他也不敢回电话。没有办法联系到他，他的经理只好打电话给他爸爸，爸爸让吕启彪马上接电话。他诚惶诚恐地接过电话，经理关心地问他："吕启彪，你是不是生病了？"吕启彪说没有，经理说，"没生病，你呆在家里干什么？明天马上来公司上班，省里来人了。"吕启彪一听，心想这下完蛋了，省里都来人了，肯定出大问题了。

第二天吕启彪忐忑不安地来到公司，主动找到经理说："坦白从宽，抗拒从严。发错工资了，我把钱都退给你吧，5000元买手机，给了我爸3000，还剩70500都退给你。"

经理一听，也跟着紧张起来，于是转身去找财务。财务算来算去，最后对他说："吕启彪，你就该发这么多。"吕启彪觉得很惊讶："这个月我带几个客户到公司，就能有这么多钱！经理，你确定吗？"接连问了三遍，财务经理肯定地回答："没错，提成是30%。一万块钱保费就是3000，你这个月签了几十万，所以你的工资就有78500块。"

吕启彪一听，心里的石头落地了，原来做保险这么好呀！自己在劳动局工作一个月，才500多块，在这里兼职却有7万多块钱，这真是一笔巨款啊，买小车的愿望马上就可以实现。做销售原来这么有魅力！

他很兴奋，对经理说："李总，您让我每天带6个客户，现在每天我可以带12个客户吗？"经理笑了笑说，你想带多少人来都行！

这一下，吕启彪觉得人生真的充满希望，更加努力拼搏了！从这以后他每个月签单保费都在10万元以上，有人问他："你今年做第一名不？"结果这一年他真的就做了第一名！这时他还是一名刚刚加入保险行业的新人，就完成了一次对前辈的超越。

第二年、第三年，他还是第一名。

最后连他自己也有点难以置信，从1996到2000年，连续五年都是公司的冠军。很多同事对他说，你是不是要霸占冠军啊，他嘴上说，"慢慢来吧。"心里想着，能霸占也不错啊！

5

自我完善,生气不如争气

人生就是一场修炼,生活中本来就充满意外,没有绝对的公平。唯有不断地完善自己,才能立于不败之地!

虽然吕启彪是公司的销售冠军,但当时还是兼职的,他的主业还是劳动局的公务员。

因为加入公司的时候没有人肯要他,所以他一直没有师父,只有一个主管,就是当初"收留"他的胖大姐。后来,这位主管却没能耐住寂寞,要离开保险行业。吕启彪反过来劝她,希望她能留下来,但她最后还是走了。经此打击,吕启彪也有点心灰意冷。

就在吕启彪想要放弃的时候,一个客户的一句提问,坚定了他在这个行业做下去的决心。

　　这位客户只比吕启彪大一岁，他想给他太太买两万元的养老保险。那时交费都是用现金，他来公司交费的时候，看到缴费期是10年，就郑重其事地向吕启彪："吕启彪，我想问你，交费期是10年，你干得了10年吗？你能为我服务10年吗？你要能坚持10年的话，这两万我现在就交了。"当时吕启彪才20多岁，事业还没定性，真不知道自己能在保险业做多久。客户这么一问，他犹豫了，看了看钱，又看了看客户，最后下定决心回答他："哥们，保证为你服务10年，我肯定在公司服务10年以上。"客户笑了，拍了拍吕启彪的肩膀说："哥们，行了，有你这句话我就放心签了。"

　　吕启彪明白，客户买保险，有时候买的是对你的信任。因为对客户的承诺，他坚持着，在保险行业留下来了。到现在，一晃两个10年过去了。如果不是客户当初那么问他，也许他现在还不知道在哪里。如果吕启彪现在还是公务员，月收入也就几千块钱，廊坊因为靠近北京，房价现在已经达到每平方米两万多元，他的年收入就只能买几平方米。

　　吕启彪后来碰巧见到了自己当初的主管，她还是骑着单车。而吕启彪早已今非昔比。如果她当初不离开，哪怕只管吕启彪一个人，现在也可以轻松赚到相当可观的管理津贴，真为她惋惜。

　　1998年，吕启彪去石家庄参加河北省公司的颁奖典礼。当时全省共有两万多名营销员，吕启彪是第十一名。那是吕启彪第一次去省里领奖，也是第一次去省会石家庄，他心里充满了期待，也非常兴奋。

因为前二十名都要上台领奖，公司前一天晚上还专门组织大家进行了排练，怎么上场、退场等等。

领奖的当天吕启彪被安排坐在第三排。看到河北省公司总经理，他非常激动，心想等一下颁奖时，一定要找机会跟总经理合影。要把合影和奖品都拿回去给同事和家人看，这是自己做保险得来的荣誉。吕启彪一直想像这些美好的画面，愈想愈兴奋，两只手心都冒了汗。可是有时候，你愈是期待愈容易受伤害。这天老总很兴奋，一说话就刹不住车，严重占用了后面的时间。整个颁奖流程不得不做出调整，决定只颁前十名，第十一名到第二十名不在现场颁发了！

当时吕启彪大脑真是一片空白，刚刚还想着颁奖的时候与老总握手呢，现在所有的兴奋、激动、期待，全部化为乌有，一时间十分沮丧。接下来的午宴，晚上的庆功宴他一点兴趣都没有了。

回程显得那么漫长，路上吕启彪一直生着闷气，几乎没有说话。到家后躺在床上，他翻来覆去睡不着，心想怎么连和老总照个相的机会都没有？

后来他看了一本书，叫做《生气不如争气》。慢慢地想明白了，今天就因为自己是第十一名，所以才没有上台的机会。他告诉自己，要争气，从现在开始我要加倍努力，一定要做到全省前十名，自己也要站在领奖台上！

信念能产生强大的力量。他开始拼命地拜访客户，也到处去学习。

1999年，吕启彪去北京国际展览中心参加一次保险培训。这次培训让他终生难忘，也坚定了他将保险作为终身事业的决心。

当时台上一位老师说，"年薪百万不是梦"，台下哄堂大笑，大家都不相信。但他再一次相信了，后来他也真的拿到了百万年薪！

那天给他印象最深的，是一位年轻漂亮女士的演讲。她是新加坡的陈明利，原来是台湾的一位电影明星，先生是新加坡人。后来因为家里生意破产，为了生计，她被迫去卖保险。因为怕被人认出来，她经常包得严严实实地出去拜访客户。为省打车钱，她经常是靠双脚走一整天。有一次去领奖，她甚至没有合适的衣服，临时向别人借的。历尽千辛万苦，最后取得了辉煌的成就。

她的经历深深地感动了吕启彪，也让他改变了自己的人生思路，进一步坚定了做保险的决心。"陈明利"这个名字，一直激励吕启彪在保险的道路上前行。他从来没有掉出过河北省前十名。而前十名里面，通常只有他一个男的。

后来，吕启彪经常跟同行分享，"年薪千万不是梦"。现在很多人都做到了。相信的力量真的很可怕，只有你相信了，你才会努力奋斗！

第二章
升华信仰

  吕启彪最初只是把保险当作一份难得的兼职，因为他需要更好的生活。后来发现了保险的更大价值，逐渐将其升华为一份事业。

  这份事业让他扩大了眼界，触动了他的心灵。他再度认识到保险的伟大意义，更体会了"保险人"的身份感——保险不仅是一份工作，也远不是一份职业所能承载，它其实是一种深入内心的信仰。

第二章
升华信仰

面对客户的遭遇，使命必达

一份大爱的事业，需要一种强烈的责任感，更需要有强大的内心，这才是从业者的价值。

吕启彪从事保险以后，经常遇到因为没有投保，家庭发生变故而陷入困境甚至绝望之中的情况，让他感觉到无能为力。

有一次，他去一个单位收保费，这个单位有很多人都买了他的保险。这次他看见一位王姐，就给她讲保险。她听了觉得很好。她的老公是一名下岗工人，她想给老公和儿子各买一份保险。

可是就在要交钱的时候，财务科长进来了，自以为是地对她说："保险是骗人的，保险公司说不定什么时候就要倒闭了，到时候根本就不会赔你钱。"

王姐一听就犹豫了,因为这两份保险要 6000 多块钱,当时对她来说真不是一个小数目。在她犹豫不决的时候吕启彪又给她打了一个电话,她还是没有同意买保险,吕启彪就没有再坚持了。

第二年,吕启彪去这个办公室收保费,又见到了王姐。发现这次她整个人都变了样,显得非常憔悴。吕启彪问她:"大姐,这次要不要给大人和孩子买点保险?"她一听就生气了:"你是不是成心笑话我呀!"吕启彪觉得很惊讶:"怎么了,发生什么事了?"然这时,她就一把鼻涕,一把眼泪给地诉说了自己的悲惨遭遇。

原来,有一次她老公带女儿去公园玩。中间要绕过一条铁路,本来用铁丝网进行了封闭。后来人们为了图方便,铁丝网逐渐被撕开了一个口子,可以钻过去,直穿铁路。这次,父女俩也是为了方便,就从这个口子钻了过去。由于父女俩的注意力都在钻铁丝网上,完全没有意识到危险已经离他们越来越近。当他们横过铁路的一瞬间,正好一列火车开过来,悲剧发生了——父亲当场死亡,孩子活生生被压断双腿。

听她讲完这段悲惨的遭遇,吕启彪非常难过,一时间也不知道怎么安慰她。王姐问他,如果当时听你的话,买了保险,这种情况,能赔多少钱?吕启彪告诉她:"一人能赔 20 万,一共 40 万。"40 万虽然无法挽回她丈夫的生命和女儿的健全,但是却能减轻母女俩许多经济负担,能给这个破碎的家庭几许安慰。要知道,女儿除了昂贵的医疗费,还丧失了劳动能力,在她漫长的人生中,是多么沉重的负担。

正说着,财务科长进来了,正在气头上的王姐指着他说:"就是你当初不让我买保险的,你说我需要钱会借给我,可是你后来帮助我了吗?你只是随了两百块份子钱。"

财务科长非常尴尬,赶紧出去了。此时吕启彪突然明白了一个道理:一个人可以决定自己是否买保险,但一定不要劝别人不买。因为没有人能预知未来的风险,更无力替代保险的作用,替别人来承担后果。

王姐叹了口气,仿佛大彻大悟地对吕启彪说:"小吕,我现在孩子都这样了,暂时也没钱买保险了。不过等我情况好一点了,一定向你买保险。你既然做保险了,就不要放弃,要好好做,帮助更多的人。保险虽然现在有人不是很相信,总会有人说保险不好,还会有一种人,劝别人也不要买保险。什么事都有个过程,但是只要你坚持,一次我们不买,二次不买,你说多了,我们还是会买的。"

听了王姐的肺腑之言,吕启彪既替她们难过,又深深自责。自己作为一名专业人士,当初却因为别人的偏见,说了一句破坏的话,就放弃了这张保单。如果自己再坚持一下,再多拜访两次,也许这张单就签下了,就可以减轻一个家庭的困难。

对比她们的悲痛,签单时的兴奋和能拿多少佣金都不算什么。吕启彪第一次感觉到,如果纯粹为了佣金来做保险是多么渺小的想法。

后来,王姐的经济条件好些了,她果然主动来找吕启彪买了保险,成了他的客户。

还有一个客户,是一位很好的老太太。吕启彪为她服务得很好,经常带她去旅游,后来她要为两个女儿买重疾险。但是两个女儿都不愿意买保险,在老太太的坚持下总算买了。

到第二年要交费的时候,她的两个女儿又开始反对,坚决要求退保。吕启彪劝她们:"退保是有损失的,对你们不好,退了以后就一点保障都没有了。"在他苦口婆心的劝说下,她们总算没退,但是把保额减少了一半,由原来的20万变成了10万。

大概过了半年,这家的小女儿得了败血症,保险公司赔了她10万元。她们这才开始后悔,当初如果不减少保额,本来可以赔20万。后来大女儿又买回了20万的保额,但是小女儿却不能再买了。后来这个客户陆陆续续又在这里买了几份保险。

这两件事给吕启彪内心的触动相当大。因为亲历了许多家庭有保险与没保险的巨大差异,在此后的从业道路上,一直坚持服务各种客户。虽然吕启彪后来的保单越做越大,但是只要客户有需求,哪怕再小的单他也会去签,并且一样服务好。

小保单对于吕启彪来说,只是一笔微不足道的佣金,但是对客户却多了一份重要的保障。在遇到困难时可以放大很多倍,减轻他们的负担。

这种神圣的责任感驱使吕启彪以一种使命必达的精神,在寿险营销这条道路上坚定地走下去!

第二章 升华信仰

2

烛光里的妈妈，延续保险之爱

上帝创造了母亲，母亲没有办法陪伴孩子一辈子，所以有了人寿保险，这是一份保障和责任，更是一种延续不断的爱！

日本平均每个人有6张保单，中国人平均还不到一张。中国的保险市场还有巨大的空间，保险营销员任重道远！

吕启彪曾在课堂上多次讲过一个自己遇到的案例，每次讲完都有很多人流泪，并升华了对保险这份事业的认识。

有一个从东北来到廊坊的小家庭，本是一个幸福的三口之家。但没多久男主人因为车祸去世了，剩下年轻的单亲妈妈带着一个小孩。这位妈妈原来过着很轻松的生活，现在家里的顶梁柱倒了，她的工资又很少，没法抚养孩子，只好靠摆地摊来补贴生活。

吕启彪因为回家路过这个市场，经常会去她那里买点带鱼、鱿鱼什么的。有一次，她问吕启彪是做什么的，吕启彪说是卖保险的。然后就问她："大哥是做什么的？你要不要给孩子买点保险？"

没想到她的眼圈一下就红了："大哥他已经不在了，出车祸走了，所以我现在的情况不是很好。"吕启彪赶紧给她道歉："对不起，我不知道。那他有没有买保险？有没有赔钱呢？"

她说："没有买保险，也没有赔钱。"吕启彪觉得很奇怪，就是没有保险，那撞他的车也要赔钱啊。她难过地说："那车逃跑了。"

这时吕启彪突然深刻体会到，如果没有买保险，对家人来说不仅是一个不幸，更会是一个负累。

由于这位妈妈能说会道，生意渐渐地比别人做得好，慢慢地有了一个大点的摊位了，也积攒了一些钱。后来她陆陆续续在吕启彪这里为她和儿子买了一些小额的保险。

由于她的生意越来越忙，白天基本没有时间，吕启彪只能晚上过去跟她聊保险。又过了几年，她的儿子也慢慢长大了。有一天，他突然对吕启彪说："吕叔叔，你以后不要来我们家了。"当时吕启彪觉得很奇怪，这孩子是怎么啦？但是也没多想，继续给客户讲保险。后来这位女士又在吕启彪这里买了几张保单。

直到有一次，这个孩子很严肃地对吕启彪说："吕叔叔，你以后真的不要来我家了。第一，这几年我们家的保险也买得差不多了；第二，我没有结婚，我妈又是一个人，你老晚上来，不好！"

吕启彪很尴尬,几乎是被他轰出来了。

这以后,除了给他们做服务,吕启彪便不再去他们家。几年后,这个孩子很幸运地考上了北京大学。他们贷款买了房,似乎一切都在朝好的方向发展。

有一天晚上,吕启彪的手机本来调到了静音,但突然好像有了心灵感应,发现手机亮着,就拿过来接听,是那个男孩的声音:"你是吕叔叔吗?我妈妈买了你的保险,她生病了,现在住在医院里。"因为当时太晚,吕启彪只好安慰他,说自己明天就过去。

第二天,吕启彪赶到医院的时候,发现这位女客户已经躺在无菌的玻璃罩里面,医生也没有查出来是什么病。虽然现在医学很发达,但是总有一些疾病是无可奈何的。

男孩非常痛苦地隔着玻璃罩看着妈妈。过了一会儿,他问吕启彪:"我妈这个病,保险能赔不?"吕启彪说能赔,重大疾病有6万是可以预先支付的,剩下的要等出院才能领。

这个孩子听了非常为难,因为他的房子贷款还没有付清,他的妈妈又查不出什么病,但在医院里待一天就得一两万,所以为钱发愁,借也借不到。人在健康的时候,有经济能力的时候借钱相对容易。但当你老了,得重病了,这时候去借钱就会变得非常困难,人家会考虑你有没有偿还能力。

吕启彪心里有些难过,安慰了这个孩子,又给了他500块钱。没过几天,这个孩子又给吕启彪打电话,说:"叔叔,你能不能借我10万块钱。你放心,我就是把房子卖了,也会还给你的。"

当时吕启彪觉得有些意外,没想到他会向自己借钱。后来想,他一定是走投无路了才会找自己。这对吕启彪来说也是一个大的风险，他还没有成年，他妈妈又在医院，也有些犹豫不决。想了一天，最后还是给了他一张卡，里面有10万多一点存款。又过了两个多月，他妈妈还是没有查出来什么病，就去世了。保险公司连同利息一共赔了他10多万，他把借吕启彪的钱还了。

但在这两个月里，这个孩子经历了人情冷暖，他发现亲戚朋友都躲着他，因为怕他借钱。有一次，他去敲一个亲戚家的门，屋里的灯明明是亮着的，但是他在门外一说话，里面的灯突然全关了。

有一天晚上，这个孩子突然发来一条手机短信，让吕启彪查收邮件。并说自己现在真正理解保险了，毕业后一定来保险公司工作！

吕启彪打开邮箱，附件里发来羽泉翻唱的一首老歌《烛光里的妈妈》，风格与女声原唱完全不同。听了两个大男人深情的演唱，吕启彪的眼泪叭哒叭哒地掉下来。

那一刻，他仿佛悟到，上帝创造了人类，但是他没办法照顾这么多，所以又创造了母亲。而母亲也没有办法陪伴孩子一辈子，所以便有了人寿保险！

3

专一、专注，方能专业

专一、专注、专业，不只是熟悉各种条款，更重要的是设身处地为客户考虑，把他没有想到的事情为他考虑到了，客户就是你的了。

吕启彪从事保险的最初几年，一直是兼职来做，甚至做了三年都没有给自己买过保险。

当时有一个客户跟吕启彪关系很不错，跟他谈保险他也很认同，但是一直没有买。后来吕启彪得知他太太在别人那儿买了保险，就去问他，为什么自己给他介绍保险不买，却在别的代理人那里买呢？客户直率地说："因为那个代理人是专职。"

这个回答给了吕启彪很大的触动，他开始重新思考自己未来的方向。后来下决心辞去公职。当时公务员还是人人羡慕的"铁饭碗",当他要辞职时,很多人都说他傻。

吕启彪想,公务员远远没有营销员多。世界500强的CEO,很多都是做销售出身的。从长远来看,兼职代理人是很难一直做得很好的。因为做保险只有专一才能专注,只有专注才能专业,才能做得更好,客户才会真正信任你。

很多年前,吕启彪认识了一位30多岁的女客户。有一次她们单位发了700多块钱奖金,吕启彪对她说这700元就买重大疾病保险吧,于是她就给孩子买了。后来她的孩子不幸得了白血病,保险公司给她赔了3万元。虽然3万元也减轻了她的负担,但是对于白血病治疗,只能说是杯水车薪,远远不能解决问题。

后来这个客户对吕启彪说:"小吕,赔3万对我没多大作用。以后你千万别给人家选择保额了,应该让客户自己根据需求选择多少保额。如果你当时问我需要多少,我没准就买10万了。现在不是老人才需要重大疾病险,很多年轻人和孩子也需要。"说完她就骑着电动自行车走了。

听了她的话,吕启彪感觉很难过。后来他想,光给客户提供保险还不行,因为多数时候是站在自己的角度想着签单,能签多少算多少,买了总比没买好,却很少真正从客户的角度去为她做计划。以后吕启彪就特别留意,要求自己真正站在客户的角度,给他们更加专业的建议。

保险有几百年的历史,做销售的一定要了解人寿保险的功能和作用,而且不只是自己认可保险好就够了,也不只是空洞地告诉客户保险有多好，而是要详细地、有法律依据地说明保险到底好在什么地方。这些一定要跟客户讲清楚，说明白。

有人说，一个好演员要像水一样，装到什么容器就成为什么形状。换句话来讲，就是演什么像什么。同样，一个好的保险代理人，也要针对不同的客户，采取不同的方法，为他们选择适合的产品。

首先自己要对产品有很深的了解。产品优势在那里？哪一种产品适合哪一类客户？一定要事先做好功课，了然于胸。不懂的产品，要及时请教公司里这个产品卖得最好的人。

2007年，一位客户慕名而来找到吕启彪，要给孩子买一份保额20万的重疾险。

当吕启彪知道她是一位单亲妈妈时，他就想，万一她以后经济出现困难要退保，怎样保证她的利益？如果都做在一张保单上，退保时不仅会有损失，而且所有的保障都没有了。如果不幸有疾病发生，对于这样一个家庭来说，会是雪上加霜。于是吕启彪建议客户把保单分成两份。

过了四五年，这个客户真的出现困难了。急需用钱，要求退保，经过多次劝说也不行，吕启彪只好给她退了一份，但是还留有10万的保障。

又过了两年，她的女儿不幸得了重大疾病。后期治疗需要花很多钱，幸好当时保留下了一份保险，赔付了10万元。

这个妈妈在庆幸的同时，又非常后悔，当初如果坚持一下，不把那份保单退掉，就可以赔20万。因此，她非常感激吕启彪。

所以，一个代理人的专业与否非常重要。营销员如果不专业，对客户不用心，就可能给客户造成不必要的麻烦甚至损失。

有一个客户买了一万块钱的保险，后来到期了去取，却发现取不出来了。因为写的不是她本人的名字，是她儿子的名字，而她儿子在外地。字是她签的，但是她居然连投保人都不是，后来只得重新填一张表。幸好她本人健在，否则这个钱能不能取出来都是问题。经过这么一折腾，客户自然对这名营销员敬而远之了。

所以，一个保险营销员，一定要非常专业，只有真正用心负责，才能打动客户。

吕启彪有一位很有钱的邻居，姓陈，他叫他陈二哥。价值上百万的小车，他家就有两台。但是直到2015年，才终于成为吕启彪的客户。当给他送保单的时候，他还给孙子也买了，让吕启彪有点意外。从他家出门的时候，吕启彪问他太太："为什么你们让我等了这么久？"她小声地说："你二哥说，有很多人向我们家推销过保险，这么多年你只做保险这一件事，就喜欢你的专注精神！"

听了这话，吕启彪的眼泪差点流了下来。虽然他只买了3万块钱的保单，但是却给了他最有份量的两个字——专注。在吕启彪看来，这是对营销员最高的评价，他为自己的专注感到自豪！

4

走进 MDRT，保险是一种信仰

保险不仅是一位事业，更是一种信仰。MDRT 的全人理念，就是人类的共同追求，是最美满的人生。

2006 年 6 月，经过 14 个小时的漫长空中旅程，吕启彪从北京飞到了美国费城，第一次踏进了 MDRT 会场。

事实上，吕启彪早在 2000 年就达到了 MDRT（百万圆桌会议，全球寿险精英的最高盛会）标准。当时他的保单都比较小，甚至几百元的都有，真正是靠勤奋积累出来的，可谓天道酬勤！经理告诉他，可以去参加 MDRT 大会。

当时国内能达到 MDRT 标准的还不多，可以说是一个很高的荣誉。这几年通过不断地获奖，吕启彪逐渐喜欢上了荣誉，但是他并不清楚 MDRT 的真正含义和它的价值。

当时去 MDRT 要花 3 万多块钱，没人舍得，他的朋友和家人都不赞成，而且他的英文不好，去美国会很麻烦。所以尽管他年年都申报了 MDRT 会员，但是一直没能参加大会。

2004 年 7 月，首届中国保险精英圆桌大会在北京举行。这个大会简称 CMF，是参考 MDRT 打造的中国寿险精英组织。

作为中国寿险营销队伍中一颗冉冉升起的明星，吕启彪参加了这届大会。会上，有一位老师分享他签了一张 100 万的保单，这在当时是一个很大的数字，让吕启彪非常震惊。

听了这位老师的分享，他立时就想应该去找一个师傅，学习一下怎么做 100 万以上的大保单。这次大会的收获很大，他还梦想着有一天，自己也能到这个台上来分享。

此后他每一年都去参加 CMF，成为最忠实的追随者，后来不但成了 CMF 的讲师，而且成为 CMF 第一位终身会员。

这时候，吕启彪已经是河北寿险营销员的一个标杆，在全国也小有名气，开始被邀请到各地去做分享。于是省公司领导又多次要求他去 MDRT，因为当时河北省还没有人参加，公司希望他作为河北的代表去参加。省公司领导的意愿不好违背，吕启彪终于踏上了 MDRT 的旅程。

这次大会汇聚了来自全球 85 个国家和地区的近万名保险精英，有金发碧眼的白人，也有皮肤黝黑的黑人。让吕启彪没想到的是，会场上很多都是七八十岁的老爷爷、老奶奶。他们白发苍苍，但是个个精神焕发。其中有的是坐自己的直升飞机来的，有的是开着自己的游艇来的。

当时吕启彪的感受只能用两个字来形容——震撼！他从未想到，做保险可以这么有钱，这么有钱的人还会继续做保险！顿时，吕启彪对这个行业有了更多的憧憬。

虽然吕启彪一个人都不认识，他在整个会场都没能找到来自中国内地的人，但是很多人都非常热情，主动过来跟他打招呼，祝贺他。因为第一次去 MDRT 的人，戴的是绿色的牌子，只要有人看到你戴绿色的牌子，都会对你非常友好，主动来帮助你。

看到黄皮肤的吕启彪，有人好奇地问他："你是从哪儿来？"吕启彪让他们猜，有的说，你是香港人？有的说，你是台湾人？有的说，你是日本人？还有人说，你这么黑，一定是泰国人！

最后，吕启彪告诉他们自己来自中国内地。他们都不敢相信："中国内地还能有 MDRT？"这让他心里很不舒服。他想起大会开幕时，中国的国旗排在倒数第二位，走在最后面的是东道主美国，因为中国保险当时没有地位。

吕启彪发现他们胸前的牌子有的写着 COT，有的写着 TOT，就好奇地问："什么是 COT 和 TOT 呢？"

他们告诉他 COT 的佣金是 MDRT 的 3 倍，而 TOT 的佣金是 COT 的 3 倍。吕启彪心里暗自吃惊，居然还有人比 MDRT 高 9 倍！于是他问他们，做了 TOT 有什么好处呢？他们说，如果成了 TOT，就可以到处讲课。

各个会场都有 TOT 老师讲课，很多人都戴着耳麦，可以直接翻译。吕启彪去跟工作人员要耳麦，工作人员说："对不起，因为中国参会的人太少,所以我们没有准备中文翻译。"

无奈之下他只好随便转悠,后来发现其中一个会场里面有水果、点心、饮料,可以随便享用。于是他就往里面走,一名工作人员过来拦住他不让进,乌里哇啦说了一通什么。这时候正好过来一名来自台湾的同行,他告诉吕启彪这是 TOT 会场,是顶尖会员,佣金要达到 100 万以上才有资格参加。

看到会场里面的人,他暗下决心,明年一定要做到 COT!

大会快结束的时候,有一个老人被两名工作人员搀扶着来到会场中间给大家做分享。老人说:"我今年 93 岁,今天给大家分享的题目是:我未来的人生 30 年规划和团队管理。"一个 93 岁的人讲未来 30 年的规划,简直要把吕启彪吓晕了。

MDRT 让吕启彪大开眼界,他看到保险业无限的前景,认识了更多优秀的精英,还收获了满满的感动!

有一位个子很高的老人,是西班牙的国旗手。他一直坐在吕启彪旁边,期间有过简单的交谈。会议结束时,这个老人满会场找吕启彪,问他:"LV(吕启彪英文名字缩写),你要去哪里?你有车吗?"

吕启彪说回中国北京,没有车。老人说,"在这里,星期六、星期天很多人不开车。你没有车怎么走?我帮你联系车吧!"

说着不由吕启彪拒绝,就陪他退了房,叫车送吕启彪到机场,并帮他办完所有的登机手续。这个将近一米九的老人累得满头大汗。最后,他蹲下来打开背包,掏出一块巧克力对吕启彪说:"孩子,留在路上吃,明年还来美国,美国欢迎你!这是你第一次来,希望你以后年年都来这里。"说完给吕启彪一个长达一分钟的拥抱,然后挥手道别,祝他一路顺利。

吕启彪当时感动得难以言表,自己不认识他,甚至没问过他的名字。一位老人,却如此体贴入微地关照自己这样一位晚辈,这就是 MDRT 的伟大!

回到北京,吕启彪把老人送给他的那块巧克力放到家里,舍不得吃,一直到后来搬家的时候,发现已经风干了。

MDRT 深深地影响了吕启彪,他看到了这个行业的希望和未来,同时也给了他很多思考。中国有五千年历史,占全世界人口的四分之一,可是参加 MDRT 大会的中国人却凤毛麟角。为什么中国的保险业会落后人家这么多?其实中国人并不比别人差,只是我们信息闭塞,缺乏远大的目标,没有方向就不知道何去何从,没有目标就没有动力。

MDRT 开阔了他的眼界,也改变了他的态度,他重新思考自己要成为一个什么样的人?这些全世界最优秀的保险代理人,他们热爱自己的职业,勤奋地工作,用心地服务,传递着爱与幸福,深受大家的尊重。他突然领悟到,保险不仅是一份有前途的职业,也是一种高尚的事业,更是一种崇高的信仰!

MDRT 再次激起了吕启彪的斗志,他想了想,虽然廊坊是一个小地方,但是只要自己不停地开单,就可以做到 TOT!

MDRT 也让他认识到自己有很多不足,他投入了很多的钱去学习。不仅学习知识和展业技巧,也努力地学习演讲,每一次都会有很多收获和改变。从 MDRT 回来的当年,他真的达到了

COT。第二年，他又更上一层楼——达成了TOT！

2007年，吕启彪再度来到MDRT大会，这次他踏进了TOT会场！当时世界保险界的传奇梅第大师就坐在他的旁边。梅第先生已经80多岁，拥有近50年的MDRT资格，被称为"永远的战神"。当时吕启彪并不知道他是梅第，经过别人介绍后，他激动万分，而梅第也很高兴看到吕启彪由MDRT变成TOT。

那天有一个英国同行在分享。吕启彪亲眼看到，梅第对身边另一个老头说："能不能让我看一下你的笔记，有一张PPT我没记下来。"

这让他很震惊，梅第真的像中国人说的"活到老学到老"。后来他听说梅第的包里总是有6只碳素笔，随时准备更换使用。想到自己有时候签单都忘记带笔，他看到了中国保险人的差距。

2015年，吕启彪在MDRT又一次见到梅第的时候，他已经94岁了，坐在轮椅上，但是精神依然很好。2016年，吕启彪满怀期待在加拿大温哥华再次见到梅第大师，遗憾的是这次他没有来，让他有几分失落。梅第是他心中永远的战神，激励着他在保险的路上向前驰骋！

第三章
挑战连单

女诗人冰心曾写道：成功的花，人们只惊羡它现时的明艳。然而当初她的芽儿，浸透了奋斗的泪泉，洒满了牺牲的血雨。

很多人都知道吕启彪创造了776天的洲际连单纪录。其实这个纪录也不是一次成功的，就像一位运动员，是经过日积月累的付出。在创造776天纪录之前，吕启彪先后创造了连单53天，123天等纪录，将同行的一个个纪录逐一超越。在这个过程中，他甚至经历了九死一生，才换来最后的成功。

连攀高峰，成为河北连单王

这个世界有想法的人很多，但成功的人却很少。自助者天助也。当你努力奋斗时，老天也会帮你；但你放弃了，老天也拯救不了你。

很多人问吕启彪，成功有什么秘诀？做保险需要什么条件？其实在他看来，保险营销和年龄、外表、学历没有太大的关系，甚至有没有人脉也没关系，唯一有关系的就是你的意愿。所以，往往简单的人离成功越近，那些没有收获的人，常常就是因为想法太多。

1999年的时候，吕启彪的公司邀请了一个名叫贺伟岭的精英来给大家做分享。他跟吕启彪的年纪差不多，做保险也没几年，但是他创造了河北省的一个纪录：连续47天，每天都有签单！当他在讲台很自豪地说出这个纪录时，台下响起了热烈的掌声，每一天都能签单是一件多么了不起的事！

当时吕启彪坐在会场最后面，他悄悄地对旁边的岳娟经理说："我也能连续签单，你相信吗？"岳娟有点不相信："你不是吹吧？"吕启彪不服气地说："他能做到，我也能做到！"岳娟见他如此有信心，转而鼓励他说，"好！你去挑战吧！如果哪天没有保单了，我帮你签一张。"

这个世界有想法的人很多，但成功的人却很少，这之间的区别在于，你是否把你的想法变成行动！其实连续签单没有什么奥秘可言，只有一个最简单易行的办法：加大你的拜访量。

有了连单的想法后，吕启彪马上付诸于行动。离他家不远的地方有一条长达5公里的街道。卖肉的、卖菜的、卖调料的、卖五金的、卖电器的……五花八门应有尽有。吕启彪从街的一头开始一家挨一家发宣传单，见了人就招呼："你好！我叫吕启彪，是中国人寿保险公司的。你买过保险吗？你了解保险吗？"

大家可以想像得到，那些卖青菜的，卖土豆的，哪里会知道保险是什么？开始他们看到吕启彪每天都拎着包往返于这条街，还以为是来收税的。

但是吕启彪不管人家怎样想，他相信保险是世界上唯一人人都需要的产品。他想，你们现在不知道，认识我了不就知道了吗？

吕启彪就像一位布道者，每天早出晚归，腿不停地走，嘴不停地说。一个一个地问，一遍又一遍地介绍，也不管人家接不接受。慢慢地，他们都熟悉他了，也愿意接触他了。

这一年，北京的天气特别热。每天都接近40度高温，人待在家里都非常难受，何况在外面曝晒。吕启彪在这个时候领教了厄尔尼诺现象的厉害。每天阳光都是直射的，连续一个星期，热得人头昏脑胀。当时公司已经有1000多人，大家热得都不敢出门，所以也没人出单。

但是吕启彪还是天天往外跑，见到人就讲保险。所以每天都会有一两张保单，大约几百元到2000元多的业绩。当时大家都觉得纳闷："这个时候，他怎么还能天天有业绩呢？"

可是有谁留意到，吕启彪的脸上掉了两三层皮，一个夏天就把他完全晒黑了，后来哪怕用再好的护肤品，脸上的皮肤也没能恢复如初。

但也就是从这个时候起，他学会了大量卖保单，也养成了一个好习惯，坚持天天拜访，最后成功地连续开单53天，刷新了河北省连续开单的纪录，终于成了河北省的连单王！

这是吕启彪第一次尝试连续签单。后来得到河北省保险行业协会颁发的特殊贡献奖，这个奖至今也没有其他人得过。

过了一年，公司决定14个团队搞一个业绩竞赛，并以业绩来排名次。一说要排名，吕启彪就开始紧张了。因为这14个团队中，他的团队人是最少的，而且都是新人，没有客户基础，要他们马上出业绩，是很不容易的事。

这时经理对他说："你去年不是做过连单吗？你再挑战一下！"连单的辛苦可想而知，但是这次不是为了自己，是为了团队的荣誉而战,别无选择!

吕启彪再次投入到高强度的工作当中,每一天都去拜访客户,看见人就同他讲保险。天天如此,早出晚归,不辞劳苦。后来连街上卖冷饮、卖凉皮的也被他感动了,很多人都成了他的客户。虽然那时只有几百到一两千元的保费。

这时正逢盛夏,烈日当空,中午热得实在受不了,他就趴在大伞下的小圆桌上休息一下。饿了,就简单地吃点零食,晚上回家就吃点泡面。他是一个很坚强的人,这些艰辛倒也能捱,但后来发生几件事,让吕启彪差一点就要放弃连单了。

那时吕启彪住的地方是平房,都装有纱门,这是为了防止蚊子飞进来。这里的蚊子又黑又大,咬一口,奇痒无比。有一天,他回到家已经很晚了,但房间还是非常闷热,就打开门,想让房间通点风,这样可以凉快一些。

吕启彪就在灯下整理当天签的保单,作总结,忙着写第二天的计划书,安排第二天要见的客户。写着写着,他觉得累极了,趴到桌子上就睡了。

每二天早晨他醒来,感觉特别难受,全身上下痒得不行,一照镜子吓了一跳:脸上、身上挂满一个个小"红灯笼",原来昨晚被蚊子咬出无数个小红疙瘩。

他再回头一看,心里直发麻,家里的纱门、纱窗上挂满了密密麻麻的蚊子。每一只蚊子都挺着大肚子,那模样就像告诉他,只要再吃一口,肚皮就要爆炸了!肚子里装的可都是自己的血啊,吕启彪看着这些蚊子心里气极了。

当他带着这一身红疙瘩来到公司。大家吓了一跳："这孩子怎么了？是不是生病了，怎么全身都是红疙瘩，难道为了连单命都不要了？"

这一身红疙瘩好多天都没有消失，客户看到吕启彪这个样子，都以为他得了什么病，纷纷躲着他。尽管吕启彪给他们解释，是蚊子咬的，但是他们都不相信，蚊子哪会咬出来这么多包。

但最让吕启彪难过的，是有些伙伴因此给他起了一个绰号："神经病。"当初自己可是为了团队的荣誉而连单的，现在却被人背后里骂。这一刻，他真的想放弃了。

就在这时，一位老客户给吕启彪转介绍了一个新客户。他非常感激这位老客户对他的信任和认可，决定去拜访这位新客户。

这个新客户一家三口，他们决定每个人都买10万元保险，总共30万。这在2000年是一个非常大的数目，吕启彪都有点不敢相信是真的。

但客户也给吕启彪提出了两个要求：第一，你不能离开这个行业；第二，你不能跳槽。

这让吕启彪有点为难了，自己才26岁。未来怎么样，不好说，这个行业未来是什么样也不好说。

但客户盯着他的眼睛看，满是期待。吕启彪最终下定了决心，同意了客户的要求，签下了这个年缴费30万的大保单。

受到这张大保单的鼓励，吕启彪不再理会闲言碎语，继续加大自己的拜访量。转眼60天的业绩竞赛过去了，吕启彪理所当然地又得了第一名，他的团队也得了第一名！

创造6000个客户的秘密

再创纪录，登临人民大会堂

宝剑锋从磨砺出，梅花香自苦寒来。只要足够努力，一介草根，也可以攀越一个又一个"险峰"，直达最高荣誉殿堂。

这次比赛得了个人和团队第一名，岳娟经理带领团队所有人来吕启彪家里开庆功会。大家买了很多菜，有滋有味地吃了起来。就在这时吕启彪父亲回来了，大家都非常热情地招呼他："大爷，你儿子可优秀了，他实现了60天连单，个人和团队都是第一名，肯定会成为我们河北省的纪录！"

老人家没有答腔，在椅子上坐下来，说："给我倒一杯酒吧！"大家以为他高兴了，马上给他倒了酒。吕启彪赶紧阻止他，因为父亲有多种老年病，不能喝酒。这次父亲没有听他的，老人举起酒杯对大家说："这杯酒我敬大家！"说完一口喝光了。

然后他对岳娟经理说："我不知道保险到底有什么好？我快70岁的人啦，我只是想能天天见见我儿子，一起吃吃饭，说说话。可是你们这个什么连单活动，这60天，我没有跟我儿子一起吃过一顿饭。"说完他就起身走了，连菜都没有吃。

吕启彪心里非常难受，连单辛苦他不怕。他是家里最小的孩子，平时爸爸最疼爱他，但是现在自己却让父亲这么难过和失望，得到第一又有什么意思呢？他不想再连单了，想多陪陪父亲。

正在这时，吕启彪的哥哥也回来了。看到满桌饭菜，弄清楚原因之后，他从屋子里拿出一张《中国保险报》，翻开给大家看："你们知不知道江苏昆山有一个叫许秋芬的，50多岁了，连续108天签单，这才是全国纪录呢。你们那60天还值得在这里干杯庆祝？要是真能连单，就超过她，创造一个全国纪录！"

这时经理有点尴尬，看了看吕启彪问："你还能连不？"吕启彪看了看经理，又回头一看哥哥，不服气地说："能，我怎么不能连？"

其实他心里也没有底，但在许秋芬108天纪录的激励下，又开始了艰辛的连单之路。后来他才知道，全国许多同行都把"挑战108天"作为奋斗目标来激励自己。这时吕启彪开始到处跟客户说自己的梦想：南方有一个许秋芬，创造了108天连单的全国纪录，我也想做全国纪录，希望您也能支持我一张。当然您也可以给我介绍别的客户，我一定给他们最好的服务！

吕启彪的热情打动了他们，很多客户都主动支持他，还给他介绍客户。一天、两天、三天……终于连到 100 天了，逼近了许秋芬的纪录！

眼看着胜利在望，但好事多磨。这些天为了连单，吕启彪每天都要很晚才回家。饿了就简单地煮包方便面。这一晚，他像往常一样，打开煤气，煮上方便面，就开始写明天的计划书，由于连日奔波，感到很累，没多久就趴在桌子上睡熟了。

一觉醒来，已是凌晨四五点了，想起昨晚煤气炉上还煮着方便面，吕启彪惊出一身冷汗，飞跑到厨房一看，锅底已经被烧得融化了，炉灶也被烧变了形，方便面就像烧焦的毛线，一捻就碎了。

他摇了摇煤气瓶，很轻，一点煤气都没有了。吕启彪长吁一口气：真是老天眷顾我呀！幸好这瓶气剩下一点点，要是这瓶煤气是满的，那后果真是不堪设想！

想想他都觉得后怕，不要再连单了，再连下去，日子真不知会过成什么样子。但转念一想：今天都 106 天了，差两天就可以平了许秋芬的纪录，不能在这个节骨眼上放弃。想到这，就跑到外面买了新的炉灶，换了新的煤气瓶，继续去拜访客户了。

两天后，终于平了许秋芬的 108 天纪录。但这时还有客户要签单，他又继续连下去。在这一百多天中，他什么样的客户都见。因为他深深热爱这个工作，不怕远、不怕苦，也不嫌累，克服困难坚持下来。但是后来突发的"蚂蝗事件"，让吕启彪的连单停留在 123 天。

连单需要大量的客户，吕启彪只有通过大量的陌拜来增加客户群。所以，他的客户非常广泛，有的在城市，有的在偏远的农村。

这年八月，有一个家在农村的客户，他给吕启彪介绍了一个新客户，离他家有十里地。吕启彪就借他的摩托车，骑去见那个新客户。农村的道路坎坷不平，那天刚下过雨，路上又湿又滑。而那台摩托车又笨又重，很不好控制，后来一不小心连人带车摔到沟里了。吕启彪当时就被摔晕了，什么都不知道了。

到了晚上经理发现吕启彪没去交单，手机也没人接，就打电话问吕启彪爸爸，也说没回家。经理感觉他可能出什么意外了，于是打110报案，公安通过卫星定位他的手机，又查到最后一个通话记录，终于联系到这位客户，从客户那儿才知道吕启彪骑着他们家的摩托车"失踪"了。于是，吕启彪家出了一辆车，110出了一辆车，公司出了一辆车一起去找他。

黑漆漆的田间小路，找个人还真不容易。后来无意中发现一个东西在闪光，原来是摩托车上的反光镜在月光的照射下闪闪发亮，大家终于从那条水沟里找到了已经昏迷不醒的吕启彪，把他送到医院。

医生检查完了说，没什么大事，只是有点营养不良，缺少休息，于是打了一个晚上的点滴。第二天医生说可以出院了，但当他从医院三楼走到二楼的时候，突然觉得很不舒服，身上很痒，但是又抓不到的感觉，非常难受，不知道什么原因。

吕启彪只好回去对大夫说："马大夫，你再给我检查一下，我觉得浑身不舒服。"大夫就给他照CT，照着照着，大夫突然吃了一惊，赶紧叫他躺下。吕启彪一躺下，大夫马上给他打了一针麻醉药，一会儿他就迷迷糊糊睡过去了。等他醒过来，医生端了一个瓷盘给他看，里面有五条大蚂蟥，最大的一条有十来公分长，好吓人！原来吕启彪摔倒在水沟的时候，蚂蟥从他脚踝钻了进去，沿着动脉血管一边吸血一边向上爬。

大夫感叹道："吕启彪，你的命真大。别小看这几只蚂蟥，一只可喝3—5毫升的血，再过一个时辰就会到达心脏，你可能就没命了！"

办了出院手续，吕启彪坐在二楼的楼梯上，默默地掉眼泪，觉得既委屈又难过。这是他做保险以来第一次流眼泪。想到自己这么辛苦地连单，大家不理解，说自己是神经病，现在差一点连命都没了，这一路走来，又苦又累又孤独。

他告诉自己，再也不连单了，连单真要命。于是这个连单纪录就停止在123天。

后来想想，123是一个多么有趣的数字——一生二，二生三，三生万物！每一份事业的成功莫不如此。这似乎意味着以后的保单还会不断增加，成功之路无尽头！

后来去省公司领奖。吕启彪应该有两个奖，一个是保费王奖，一个是连续开单纪录奖。但是宣布连续开单奖的时候却没有吕启彪的名字。他就去问领导，怎么没有自己的名字？这位领导说忘记给报了。吕启彪又找到省公司领导，领导说虽然电脑记录里有你的名字，但是你们市公司没报呀！吕启彪说没报就给补发吧！但领导说已经没有这个费用了，只给他发了另外15000元的业绩奖。

吕启彪想起来觉得很委屈，第一次去省里领奖，因为省公司领导讲话超时被取消；这一次又因为市公司领导的失误，让自己本该得到的奖励和15000元奖金莫名其妙地不翼而飞。更可气的是，回来的路上，这位领导连句对不起都没讲。

他很苦恼，回家闷头生了三天气。但生气有什么用，事情已经不可改变，只能说服自己去接受。所以销售就是一种修行，需要不断地修炼自己。

这一年省公司虽然没有给吕启彪颁奖，但是因为123天的全国纪录，在中国人寿总公司隆重的海外表彰会上，吕启彪得奖了，他还入围了总公司赴奥地利高峰会。

终于，吕启彪走进了神圣的人民大会堂，参加中国保险行业协会举办的表彰大会。在这次大会上，他获得了中国保险界的最高荣誉——"全国十大保险明星"称号。

那天会场上人山人海，场面热烈而壮观。当大会宣布"中国人寿吕启彪"是全国100多万保险营销员中连单纪录的保持者时，全场近万人全部起立，为他鼓掌。

有人大声呐喊着吕启彪的名字，一时之间，欢呼声、口哨声像海浪一样一阵阵涌来，淹没了他。当吕启彪在欢呼声中走向主席台时，禁不住热泪盈眶。所有吃过的苦，受过的累，忍受过的委屈，在这一刻仿佛都不值一提。

吕启彪这个来自小城市，没有任何背景的穷小子，凭着自己的努力，代表中国人寿，创造了中国保险营销员的一个新纪录！

3

三度超越,伙伴们轮流陪跑

一个人的成功离不开团队的支持,同时在事业和亲情之间也难免顾此失彼,欢乐中有泪水,荣誉后面有辛酸。

2006年,公司因为团队太多,做了一次大的调整和分业。调整后只剩下三个团队,原来1000多人现在只有300多人了。对于这次调整,许多伙伴都有意见,想不通,但是只能服从公司的决定。

当时吕启彪的经理叫张华绮,他跟随她已经11年了。张经理是廊坊最有影响力的经理,吕启彪非常尊敬她。有一天早会,张经理说:"现在我们只有三个团队了,却要和全市几百个团队竞争,压力非常大。这个行业我已经做了几十年,还是希望在退休之前，和大家一起为团队再争一次光。要做好我想只有一个办法，就是做'连单'。"说完她哭了。

大家一听到"连单"，都不由自主地用期待的眼光看着坐在会场中间位置的吕启彪。他赶忙低下头。连单的酸甜苦辣吕启彪感受太深了，真的不想再做了。但是经理含着泪看着他，他似乎成了团队的指望，谁叫吕启彪创造了全国纪录呢？他不带头谁带头？面对大家殷切的目光，吕启彪只好硬着头皮答应了。

于是吕启彪又一次开始了新的连单之路。

在吕启彪的带领下，大家都开始连单，整个团队士气高涨，真正印证了"榜样的力量是无穷的"。

一直连到70天后，只剩下吕启彪和一位年长的大姐了。有一天，大姐也撑不住了，对他说："吕经理，我坚持不住了，请你继续连吧！"支公司总经理也鼓励他："吕启彪，你实在没有保单时就来找我吧！"

这么多一起跑的伙伴，现在只剩下吕启彪一人了，他咬着牙，自己跟自己较劲。一直连下去，一直连下去！终于坚持到100天，这一天他却没有客户了，吕启彪想起总经理曾经对自己的承诺，于是就去了他的办公室。一见面说了一大堆赞美他的话，经理很开心。

然后吕启彪就进入正题："总经理，您还有几年就退休了，您觉得中国人寿最好、最适合退休人士的产品是哪一种？"

总经理明白了他的来意，知道他连单遇到了困难。吕启彪拿出早就准备好的保单，对他说："今天是我连单的第100天，选在这个日子来给您服务,并且特意挑选了一张三个8的保单号,您签了这张单,代表一路发、发、发,是对我工作的大力支持,感谢您!"

总经理爽快地在保单上签了字。吕启彪后来送了他一把雨伞,他觉得保险就是人生另外一把"伞",可以遮挡人生的风风雨雨,不用时放一边,需要时拿出来。

当吕启彪不断连单时,他发现连单不仅是自己的目标,也成了自己的习惯。有一个月月底,吕启彪做了一张30万的保单,如果把它放在第二个月的一号,可以拿到很多奖励。但是因为是在连单,今天的业绩就放今天,明天才会加倍的努力,这是一个强大的信念。

连单也让吕启彪更深刻地体会到,一个人的成功离不开团队的支持,当他连到130多天的时候,已经打破了123天的原纪录,于是有点想放弃了。这时团队的王殿宝经理对他说:"吕经理,我陪你一起连10天吧!"经他一鼓励吕启彪又开始连。后来团队又有很多伙伴过来鼓励他:"吕经理,我陪你!"

每次听到有伙伴这样说,吕启彪都倍感压力,同时也觉得很温暖。他觉得自己就像一个马拉松运动员,跑到一万米的时候想停,但突然有人过来对你说,我陪你一起跑吧,于是又继续奋力向前。

但是在他连单的过程中,却冷落了家人,让他们很不满意。

吕启彪兄弟四个,他最小。因为和三哥年龄接近,所以他俩的关系最好,三嫂对吕启彪也很好。小时候他在北京上学,嫂子总会在他回来的时候,做很多他喜欢吃的饼烙,吃不完的再让他带到学校去。

　　三哥的儿子,是家族下一辈中唯一的男孩,吕启彪对他也特别好。三哥平时在外地工作,只有她们娘俩在家。后来这孩子长大了,在石家庄上高中。有一天侄子给吕启彪打电话,说自己马上要毕业了,想分一个好的班,对以后的前途有好处。想跟叔叔借3000块钱,跟学校领导疏通一下关系,因为叔叔能说会道的,希望他能去学校请领导吃饭,打个招呼。

　　去石家庄来回需要一整天时间,这会影响到连单。当时吕启彪已经连单一年多了。每天需要至少签一张保单,他想看看自己到底能坚持多久。于是就让助理开车去石家庄给侄子送钱,自己留下来继续拜访客户。下午助理回来说,孩子把钱退回来了,还转告说,以后没有他这个侄子了。

　　吕启彪听了特别难受,就赶忙去嫂子家解释。嫂子开始很高兴,后来听说吕启彪没去学校,就哭着数落他:"为了给你上学,我省吃俭用的。你哥在外面,家里就你侄子这根独苗,现在他这么大的事你都不管。我们不要你的钱,也不用你看了!"一生气就把吕启彪推了出来,把大门关上了。

　　大门关上的瞬间,吕启彪仿佛觉得亲情被割裂似的,心里特别难受,情绪也跌落到谷底,真的想放声大哭一场。但是,想想连单想想MDRT,想想心中的目标,自己还得坚持住!

创造6000个客户的秘密

生死0.01毫米，他为保险而活

在生死攸关的时候，都没有放弃自己的事业，那已经不是事业，而是用生命写就的崇高信仰！

就在吕启彪为新的连单纪录全力冲刺的时候，一场巨大的灾难悄然降临了。

2007年7月7日晚，吕启彪早早地睡了，因为第二天要去青岛讲课。当时公司有一名男孩帮他整理材料，所以那天晚上也住在他家里。

深夜两点左右，突然有人敲门。这个男孩比较年轻，缺乏警惕性，就直接去开门。门刚一打开，就进来三个匪徒。当时吕启彪已经睡熟了，因为房间门是关着的，后来他依稀听到有人在急促地喊："经理救命"，他还没有清醒，似梦非梦。

这时房门"怦"地一声被撞开了，接着冲进来一个人，大声喊："起来，起来。"吕启彪一下子被惊醒了，一骨碌坐起来，当时全身只穿了内裤，本能地问"干嘛呀？"

这个人明目张胆地喊："起来，抢劫！"说完拿出匕首就架在吕启彪的脖子上。外面喊救命的声音越来越小，吕启彪很担心他的安危，就说："家里的东西你们可以随便拿，但是千万不要伤人！"

在这个过程中，吕启彪一直和他们周旋，想缓解他的情绪。因为他是做销售的，比较能说服人，就试着跟他们讲道理："这是犯法的事，你们这么年轻，可以有好的未来，千万别做傻事……"但是对这几个穷凶极恶的歹徒来讲，简直是对牛弹琴！

这三个贪婪的歹徒手忙脚乱。把吕启彪家里能看到的值钱一点的东西都往皮箱里塞。电脑、手机、手表、照相机，高档的衣服和鞋子，甚至连他的奖章都不放过，两个旅行箱都被他们塞满了，最后又把银行卡、钱包都拿了过去。

他们折腾了近两个小时，这时楼外面传来了洒水声，天快要亮了。一个高个子歹徒走过来，粗暴地一把将DVD和电视机的连接线扯断，勒住吕启彪的脖子，吕启彪一下子窒息了。另一个歹徒冲上来一脚把他踹倒在床上。怕他不死，两人对他拳打脚踢。临走时，又在吕启彪脖子上砍了两刀，看到他一动不动了，两人又去厨房打开煤气，最后才离开。

真是人算不如天算，他们哪里会知道，吕启彪对煤气非常敏感。在煤气的刺激下，他居然醒了，命不该绝！因为大量失血，他浑身没有一点力气，但是求生的本能强烈地支撑着他，吃力地挣扎着爬到厨房。发现两个煤气炉灶都是打开的，一个炉灶上正烧着他们的血衣，另一个正发出"滋滋"声漏着煤气。原来他们想把煤气打开烧掉房子，毁灭证据，真是胆大妄为，丧心病狂！

吕启彪的脖子被砍了两刀，刀口特别长，很吓人。这么长的伤口当时他居然感觉不到一点疼痛，只知道在流血，他用毛巾被捂着脖子，努力爬到客厅。发现男孩肚子上有一个"L"形的伤口，肠子都露在肚子外面，十分骇人。原来他开门的时候，就被歹徒用一种叫做"倒裂刺"的刀子捅了。由于这个刀子两边都带着刺，一拉，肠子全部都被拉了出来，耷拉在肚皮外面，叫人毛骨悚然！男孩已经不能说话了，吕启彪拿来不锈钢盆子扣在他的肚子上止血！

吕启彪奋力打开房门，去敲隔壁家门。才知道隔壁人家也被盗了。这时吕启彪再也坚持不住了，昏迷了过去。幸运的是，可能是打斗声惊醒了邻居，楼下有人报了警，于是吕启彪被送进医院。

在吕启彪快要手术时，助理赶来了，看到他的样子惨不忍睹。心想："经理伤得这么严重，进了手术室，一定出不来了！"这个身高一米八二的小伙子躲在医院的长廊尽头失声痛哭。

将近5个小时的手术，吕启彪的脖子像打补丁一样里里外外缝了三层。这个刀口长达18.5厘米，深5.5厘米！因为失血太多，甚至来不及动脉输血，医生直接把血袋剪开，扒开他的脖子往里面灌，一连挤了7袋血。

后来吕启彪才知道，自己当时几乎失掉身体里2/3的血。他的血居然渗过了家里三层厚厚的席梦思床垫，一直流到了地上！

他醒过来的时候已经是两天以后。睁开眼睛，世界全是红色的，看到的人都是红色的，模模糊糊的。全身都是伤，鼻子、嘴、尿道插满了管子。脖子里缝了三层线，因为是夏天也不能打麻药，身上剧痛无比，又奇痒难耐。

7月正是一年最热的时候，房间里却不能开空调，那种难受，他感觉自己马上就要死了一样。非常痛苦，当时只想死，别的什么都不想。

在他昏迷的时候，亲戚、朋友、客户知道了消息都纷纷来看他。有的放下二百、五百块钱，有的给他送来水果、牛奶、鲜花。大家看到他伤痕累累，都哭着走了。因为鲜花实在太多了，从病房里一直排到医院门口去了，医院都轰动了。大家纷纷猜测："这是哪个大领导的儿子呢，这么多人来看他？"

因为是恶性刑事案件，所以警察守在医院，院长也非常重视，每天上午、下午都亲自来巡视一次。

第三天吕启彪感觉稍微好一点了，能看清人了。助理问他，知不知道自己是谁，他点点头。助理激动极了："经理你还活着呢！"这时候有个医生过来说："吕启彪你命太大了，只差0.01毫米，比一张纸还薄，稍微再用一点力就是大动脉，人就没了。"

第四天，助理开玩笑地问他："你还要连单吗？"其实是想逗他开心，分散注意力，减轻他的痛苦。吕启彪在心里骂他，我都要死了还签什么单呢？

就在这时，他无意中看到一张报纸，上面有一个很醒目的标题：济南李权文连单 500 天。原来，李权文是中国人寿山东分公司的营销员，从 2003 年 2 月至 2004 年 6 月，连续开单 500 天，创造了中国大陆连单纪录。

吕启彪又被触动了，盯着李权文的照片看了很久。仿佛是有心灵感应，李权文居然打电话来了："启彪，我知道你是廊坊的，你已经连单 400 多天了。我一辈子没什么追求，现在连单 500 多天也是总公司一个纪录。但是我希望这个纪录由你来延续下去。你现在受伤了，孩子，你挺一挺，咬咬牙，再坚持一下。如果行，你就告诉自己'继续'；如果不行，也没有关系。"说着说着，李权文在电话那边哭了。吕启彪也忍不住流泪了。

他转念一想，几次连单，已经三次踏进了鬼门关，第一是煤气燃尽逃过一劫；第二次是蚂蝗钻进体内；这次最危险，离死神只有 0.01 毫米！

大难不死，也许自己注定是为保险而生的！

吕启彪的左脑告诉自己，什么连续签单、什么 MDRT，都不要想了。右脑却又告诉自己，都和死神擦肩而过三次了，还有什么好怕的？现在胳膊抬不起来了，因为被砍的地方连着筋，但是自己的右手还能动。于是他拿过一张白纸写上客户的名字，叫助理李丽去帮自己签单。

艰难的宽恕，只为保险的博爱

保险给了我们幸福，也造就了博大的胸怀，让我们达到了常人不能达到的境界。

住在医院这些天，吕启彪才深切体会到，千万别住院，比住五星级酒店还贵！

家里的亲戚和一个助理每天都来照顾他，他们铺一张凉席睡在地上，因为白天忙了一天，特别累，晚上睡得特别死。

第七天吕启彪稍微能动了，为了不惊扰他们睡觉，吕启彪自己下床去洗手间。因为身上都是伤，他在床上晃了近20分钟，终于坐了起来，疼得满头大汗。由于躺得太久，他刚一下地，腿一发软，扑通一声就跪在地板砖上，当时感觉全身骨头都碎了。过了一会儿,他又吃力地扶着床慢慢站起来移向洗手间。

二三十米的距离,一点一点挪过去,像经历了一次马拉松一样艰难。到洗手间最痛苦的是拔尿道上的管子小便,完了之后还得自己吃力地把管子再插进去,真是钻心地疼。

吕启彪这时发现,房间里的镜子都被助理用报纸、胶带粘上了。他把报纸撕开,被自己的模样吓了一大跳。脑袋比原来大了一倍,脸肿成横的了,眼睛可以看到自己的额头。整个面部都是深紫色的,这个模样比任何恐怖片里的角色都更吓人。看到自己这副样子,他忍不住在镜子前伤心地掉眼泪!

吕启彪是一个很善良的人,也是一个很坚强的人。这辈子他从来没恨过一个人,哪怕人家对自己再不好,他都没恨过谁。现在,他无比痛恨那三个歹徒!如果可以,也一定要让他们尝尝这种痛不欲生的滋味。

吕启彪挣扎着在镜子前足足站了20分钟,最后自己却微笑了,他笑什么呢?原来是庆幸歹徒砍的是自己的脖子,如果这两道伤口划在脸上真是没法活了,因为自己还没结婚呢!

到了第八天,吕启彪活动终于方便一点了,他发现医院的住院楼是弧形的,一层有20个房间。因为房间的门比较旧了,推门的时候,门上装的合页就会发出"吱呀、吱呀"的声音,夜深人静的时候听起来很刺耳。于是他就让助理买了一盒缝纫机油,他拿着机油盒挨个给每个房间的合页都滴上油。推开门,如果发现房间里放了很多鲜花、水果、营养品,说明住院的人家里条件比较好,他就进去向他们讲自己的经历和保险的作用。

在这个过程中，吕启彪发现住院的人 95% 都是没有保险的。有保险的不一定住院，这是一个很微妙的现象。

第一个星期，院长每天都来病房巡视两遍。之后听说吕启彪是保险公司的，便不再来了。但是后来他特意安排了一个星期五的下午，让吕启彪给医院的人讲一下自己的故事。

讲完之后，院长说："我们医院现在创建全国百强，就一定要学习吕启彪这种精神。有他这种精神，没有什么做不到的。"说完院长第一个带头签字买保单。

奇迹出现了：吕启彪住院一个月，期间签了 37 张保单！

吕启彪出院的前三天，那三名作案的歹徒都逮住了。因为他们用吕启彪的手机打电话，而手机有定位功能，所以警方就知道他们在哪里了。他们抢走了 7 万多元的财物，因为是团伙入室抢劫，加上蓄意纵火，危害公共安全，情节非常恶劣，后来三人当中一个判死刑，两个判死缓。

宣判的时候法庭要吕启彪出席，他没有去，因为不想再看到这三个恶魔，怕以后做恶梦。

但是没多久，三个案犯的父母都来找吕启彪。几个老人一起跪在他的面前，求他原谅自己的孩子。其中一个母亲说："我儿子错了，但是他这么年轻，如果他判死刑的话，我这辈子活着都没有希望了，我觉得我人生也完了，还不如让我现在也去死。为了见你，我把我们家耕地的牛都卖了，能给你赔多少给你赔多少。"说完她就在那儿抹眼泪。

吕启彪最害怕的就是女人的眼泪，这个母亲说到她儿子的时候，吕启彪跟她说："你儿子给我带来多大的伤害你知道吗？我这一个月遭受了多少痛苦？我只差0.01毫米就没命了！你知道我的助理身上缝了多少针？一共缝了400多针！因为是肚脐眼，不能打麻药，身上硬生生地缝400多针，他遭受多么巨大的痛苦，你能想象吗？"

可当这个满头白发的母亲哭着求他的时候，他心又软了，心想要不然就原谅她儿子这一次吧，不要计较了。

当吕启彪说出自己的想法，所有知道这件事的人——客户、同学、同事、伙伴、家人、亲戚都异口同声地说，"你有病，他都差一点就害死你了，还去宽恕他？"

法庭叫吕启彪去参加审判他没有去，现在却为了案犯的父母，亲自去法院，向院长申请减轻刑罚，把死刑改为死缓，死缓的改成无期。吕启彪对这位母亲说，"你卖牛的钱我一分都不要，我也不希望再见到你们，这件事就过去了。"

这位母亲永远也不知道，她的儿子给吕启彪带来的伤害有多大。一直到现在，他的脖子不能吹风，他的胳膊不能抬高，甚至晚上还会做恶梦，梦见他们凶神恶煞的样子。

他有时候想，可能是因为保险这么多年的影响，让自己做出这个异乎寻常的决定。如果不是从事保险，自己绝对没有这份宽容心。因为保险让人生更幸福，让家庭更美满，是传递爱的事业。

吕启彪每个星期必须要去医院检查，怕感染、怕皮肤连接不好。后来他去见客户的时候，有些客户看到他脖子上长长的伤口，就表示："签一份吧，你说买什么就买什么"，很多是同情的保单。

这让吕启彪感到很不自在,既感激他们的同情心,又觉得难为情。他希望客户签的每一张保单,都是能帮助到自己的,而不是为了支持代理人来签单。

出院时,医生嘱咐吕启彪要静养半年。可是他早就坐不住了,出院第二天就去上班了。去医院检查的时候,医生问他现在怎么样,他就说自己没上班,在家休息呢。

6

776天连单,纪录为父亲停留

776天的洲际纪录,渗透了无数的汗水、泪水,甚至鲜血,这是用生命谱写的壮歌,也是向给了自己生命的另一个生命的致敬!

2008年7月7日,吕启彪来到美丽的青岛,作为第五届中国保险精英圆桌大会的特邀讲师,登上了中国保险最具影响力的讲坛。

命运是如此的神奇。一年前的这一天,正是他遭到匪徒打劫死里逃生的日子。四年前,他是首届圆桌大会的学员。到今天为止,他已连续签单776天。这期间,他做了900多件保单,收了900多万保费。他打算将连单一直做到2008年8月8日北京奥运会开幕的那一天，那真是一个神奇的日子，一个神奇的记录，一件神奇的事！

信念的力量无比强大，他对这个目标充满信心。这期间，越来越多的机构邀请他去讲课，他已经成为行业内颇具知名度的讲师。每次演讲，他心里都洋溢着自豪感。

这天的会场，坐了7000多人，场面非常宏大。他是这天第一位出场的讲师，时间安排在早上8点钟。他上台不久，助理就拿着他的手机来到舞台旁边，举着给他看，好像是有什么急事。吕启彪用余光扫了一下，手机一直在闪烁。但是自己正在演讲，不能下来。一会儿助理找主持人在说着什么，主持人立即在舞台侧边示意吕启彪赶紧下去。但是他没有下去，这么多人在听他讲课呢。

吕启彪一直到讲完才下来。助理立即过来告诉他，就在刚开始演讲的时候，他父亲病危，在病床上说想见自己。就在演讲结束前几分钟，老人家已经去世了！他顿时觉得天旋地转！

吕启彪非常孝顺。从事保险业以后，更加懂得了家庭的重要、亲情的可贵。但偏偏这一天他却不在父亲身边，没能为他送终。

吕启彪立即赶往机场，从青岛一直流着泪飞回北京，赶回廊坊的家里，父亲已经变成了一张遗像。

吕启彪在家一直跪了三天，总是觉得对不起父亲，内心一直在自责。但这三天里，他并没有过多的眼泪，他似乎不相信父亲已经离开了自己，只是不停地给前来吊唁的人磕头答谢。

送父亲出殡回来后，他待在父亲的院子里，送葬的客人都走了。有个邻居家的小孩过来问他:"叔叔,你戴这个白花干什么?"吕启彪回答因为自己没有爸爸了,所以要戴白花。

小孩好像突然明白了,说:"我爸爸妈妈快回来了,我要回去了。"看到他转身离去的背影,吕启彪突然意识自己永远都没有爸爸了,满心都是无穷的伤痛。一个大男人顿时泪如雨下!

父亲不懂保险,也不赞成他做保险。自从做保险以后,吕启彪在家陪伴父亲的时间非常少,让父亲少了一份天伦之乐。吕启彪记得在连单超过 600 天的时候,父亲问他想不想连到 700 天,他说想;又问想不想连到 800 天,他说想,父亲当时就说,"得了吧。"但是父亲后来为他取得的成绩感到高兴。

父亲曾给吕启彪写过一封信,他在信里写道:我不知道营销到底是什么?但是我的儿子做了一个奇迹,他创造了一个个纪录。我有一个这样的儿子,他是让我觉得最荣耀最骄傲的儿子!

因为父亲的去世,吕启彪不可能再有时间,也没有心思再去连单了,所以这个连单的纪录就停留在了 776 天。

吕启彪热爱保险事业,为它倾注了所有的热情,遗憾的是忠孝不能两全,但庆幸父亲曾为自己而骄傲。现在看来一切都好像是冥冥中命运的安排。当时重伤住院的时候,那么痛苦,都没有中止连单,现在因为父亲中止连单,也算对父亲的一个纪念,弥补一些自己的遗憾!

776 天连续签单成为了亚洲纪录。这些年来,有很多人都想挑战这个纪录,包括他自己,但是都没有成功。估计以后也很难被超越!

第四章

打造团队

一只丑小鸭，因为向往蓝天，可以蜕变为翱翔的雄鹰。雄鹰或许是天空的王者，却永远没有哪只神鸟能够飞到蓝天的尽头。

只有强大的团队，才有不可阻挡的力量，将雄鹰托举得更远更高！

第四章
打造团队

天道酬勤,奔跑在保险的奥运赛场

成功不仅需要勤奋,也需要强大的内心!虽处逆境能看到希望之光,而超强的学习能力会让自己越来越优秀。

2008年8月8日,第29届奥运会在北京国家体育场开幕。

很多中国人都会长久地记住这个日子。这是中国第一次举办奥运会,不但是中国体育一个新的起点,也是中国人民的一个新征程。

吕启彪坐在气势恢弘的"鸟巢"看台上,内心百感交集。这激动人心的时刻,原本也是他计划中连单的终点,他期待了很久。

晚上8点,人声鼎沸的体育场安静下来,9万名观众全体起立,当《义勇军进行曲》奏响的时候,他看到身边许多人都泪流满面。外国人也是一脸崇敬，有的人也还跟着旋律在哼唱。这一刻，作为一名中国人无比自豪，他从来没有像此刻这样感受到国家的强大！

他觉得仿佛是在做梦，曾经的穷小子，居然能够站在奥运会的看台上。

此刻，他觉得自己不只是一名观众，也是一名选手，奔跑在保险界的"奥运会"——MDRT赛场。今天，跑进MDRT的中国人越来越多。是保险这个行业让他梦想成真，给了他很多荣誉，也改变了他的命运。

吕启彪的老家，盖房子习惯几家连在一排。从风水的角度上讲，房子一样高才好。由于他们家房子是最先盖的，后来邻居盖的房子比他们家要高出一个砖头。

后来有人议论："这个房子比别人矮这么多，这家的孩子不会有多大出息。"后来家里也确实发生了一些不幸的事。

但是吕启彪不屈服于命运，他相信天道酬勤，通过加倍努力，就可以改变自己的命运，实现更多梦想。

刚入行时，师父对他非常严厉，要求也高。同样都是做错事，别人罚100块钱，要罚他200，当时他不理解师父的苦心。但是师父很快就离开了，他非常难过。当她在的时候，不会珍惜，她走后才会想起她的好。他后来一直没有师父，没有人告诉他方法和技巧，都是靠自己一直摸索，做得非常辛苦。

他不是飞人博尔特、刘翔，而是一名锲而不舍的"马拉松"运动员。他去机关单位、家属楼，甚至是偏远的农村挨家挨户敲门陌拜。一个村一个村，好几十公里，有时他一天要见几十个，甚至上百个客户，太晚了就在村子驻扎下来，吃住都非常简单。骑坏和被盗的自行车都记不清有多少辆了。

他几乎从来没有在晚上十点以前回过家，廊坊的每一条大街小巷，都留下了他的足迹和汗水。就这样用一张张小单累计成了MDRT。

后来，他制定了未来的发展规划，投入大量的精力和时间，当然还有金钱去学习。他开始学习如何从大量拜访的客户中发掘高端客户，学习如何接触中高端客户、有什么话术和技巧？如何让高端客户买保险，又如何服务高端客户？

有付出就会有回报，当他不断提升自己，变得越来越优秀，就发现身边有越来越多的高端客户，保险给自己带来了无穷无尽的人脉。

有一年，吕启彪外出旅游的时候碰到一个僧人，对他说，今年你的运气不太好。正巧吕启彪那段时间身体不太舒服，业务开展也很不顺利，有时候费尽口舌，客户同意了，可到签字的时候他们不是出差就是太忙，就是签不了单。

有一次客户把字都签了，正要交费的时候，突然冒出一个人对他说："你买什么保险？神经病呀！"这个客户听了又不买了。当时他有点沮丧，这难道真的是命？但是心里有个声音告诉自己："我不信命，我相信事在人为，我要努力改变！"

5月份的时候，他和助理将客户重新梳理了一遍，决定开个客户答谢会。他想，能签单自然好，不能签单也没有关系，就当给客户做服务了。就这样,一连开了好几场客户答谢会。到了7月份,他的业绩慢慢上来了。10月份,进入廊坊第十名,到了年底,还是第一名!

从1996年入公司,吕启彪只有当年没有做过第一,从那以后一直到现在,20年来都是第一名。在廊坊这样一个经济不算发达的小城市,吕启彪拥有6000多名客户,累计9.3亿保费!从2007起,连续十年达成TOT!776天连单纪录,更让他成为中国保险界的传奇!

许多人都问他的成功有什么秘密?他想了想,如果一定说有,只不过是自己比别人更勤奋、更认真一些。即使是现在,只要不外出,他每天都会坚持六访,一直坚持了20年!

最初学习演讲的时候,他是看人家要讲什么就讲什么,也没有什么套路,更谈不上系统和逻辑性。不仅需要看稿,有时还得想一下停顿一下。

他不断地精进,挤出时间,创造机会,到全国各地各种场合去学习交流,不是去讲课,就是去听课。他从别的老师身上学会了怎么从一个话题延伸到另一个话题,思路更加开阔,内容也更加丰富。后来越讲越好了,还能流利地脱稿演讲,都是苦练出来的。

演讲多了,细心的吕启彪发现,不同的地方对演讲的要求也不同。比如在台湾,只要告诉听众一个方法、一个题目就可以了;在南方讲课,只要把握好关键点就行了;在北方,还得把细节讲得绘声绘色,这个单怎么签的,说了什么话打动他们的,甚至得加上一些表演技巧，这样他们才会爱听。演讲之后，也会领悟得更多！

这些年来，吕启彪就像一只雄鹰，整天飞来飞去，到各地去讲课。几乎国内所有的大保险公司，包括一些外资公司都来请他讲课。他的足迹遍布全国各地，包括西藏、新疆、内蒙古、海南等偏远省份，甚至去了中国最北端的城市漠河。

2010年，台湾保险业协会邀请吕启彪去台湾做巡回演讲。

前些年，都是台湾的同行到大陆来传经送宝，大陆能被台湾请去讲课的老师可谓凤毛麟角。而这一次，台湾同行给吕启彪颁发了信爱奖，他作为大陆保险界到台湾巡回演讲的第一人，先后到了高雄、台北、台南等城市，一共讲了6场，场场爆满，掀起了一股旋风，得到众多优秀同行的高度评价。后来他又三次应邀去台湾做巡回演讲。

这些年，吕启彪先后去过24个国家和地区进行演讲与分享。是在国外演讲最多的中国保险营销员，大家称他是"铁人国际吕"！

自2006年起，吕启彪每年都会去参加MDRT大会，是中国大陆参加次数最多的保险营销员。加入MDRT的新人也视他为带路人，每年都会有一大帮同行跟着他去。后来有些外国同行见到吕启彪就开玩笑，说他是中国MDRT的代言人。

后来，吕启彪曾经在MDRT会场进行过分享。他的梦想，是代表中国人在MDRT大会做正式的演讲！

2

吸引力法则，是事业亦是情缘

当你站立时，时常得给行者让路；当你疾行时，别人会给你让路；当你奋力奔跑时，一定会有很多人跟着你跑！

人与人在一起，一定要共好，这是吸引力法则。

吕启彪的团队叫翔龙团队。很长一段时间里，总共只有9个人。虽然团队不大，但是很有凝聚力，大家对团队都非常忠诚，对工作充满热情。

除了他本人，最资深的就是他的助理李丽，已经跟随他整整16年了，大家都亲切地叫她"李姐"。其实很多人不知道，她曾经是吕启彪早期的客户。李姐喜欢看书，她发现国外的很多书中都谈到了保险，所以很早就有一些保险意识。吕启彪去找她，她爽快地接受了。

当时工资很低，李姐因为带孩子又没工作，经济上并不宽裕，将近 2000 元的保费，可以说是省吃俭用攒下来的。

一来二去，吕启彪觉得李丽是一位观念先进，做事认真，有责任感的人，就建议她来一起做保险。李丽当时不太有信心，吕启彪鼓励她说："你一定行！"

最初她也做过一段业务，后来吕启彪的客户越来越多，需要人协助管理。耐心细致的李姐最合适。虽然她已经有了一些客户，但还是毫无怨言地接受了。

一开始她觉得这份工作很琐碎，后来在这里认识了很多人，也帮助到了很多人，渐渐觉得自己很有成就感，甚至觉得很神圣，所以这么多年来她一直勤勤恳恳，任劳任怨。

在这里一年除了工资外加几万元旅游费，过年的时候再发点奖金，待遇也不算特别优厚，但她一干就是 16 年。776 天的连单纪录里，也浸透着她的心血。

另一名助理唐海涛，长得高大帅气。虽然只服务了几年时间，但他做事非常用心，也非常贴心，进步很快。吕启彪非常信任他，很多事情都是让他来打理，包括工资、讲课费都交给小唐保管。他每个礼拜都会收到来自全国各地的各种礼物，小唐都会整理得井井有条。客户答谢会，邀约客户，客户的生日问候等这些大小事务，从来不用提醒，小唐都会处理得很好。

吕启彪觉得小唐为自己所做的一切已经超越了亲情和友情，任劳任怨，所以小唐结婚的时候，给了他一笔可观的礼金。其实钱并不是最重要的，吕启彪只是想表达自己对他的情义，这是金钱买不到的。

2015年，新来了一名助理冯晨雨。小冯说，面试的时候，吕经理一直微笑着，让人觉得特别亲切友好，感觉到他身上有一种特殊的魅力，感到很放松，很舒服。所以当时连工资多少都没问，就答应来上班了。后来他才知道，吕经理就是以这样的魅力打动无数客户的。

而在吕启彪眼里，这个小伙子很年轻、很质朴，做事很认真。吕启彪觉得一个人如果具备了好的品质，即便外在条件一般，也是值得去培养的。

吕启彪总是很乐观很正面地对待新人。他经常说：不要因为他没有业绩就放弃他，要想想他为什么没有业绩？我们有什么可以帮到他呢？他就是这样总是想着解决问题，很多新人都是因为他才坚持留在团队的。

为了团队的发展，他投入了很多精力和财力，光出勤奖前前后后就投入了30多万，平时大大小小的投入也花了不少钱，非常不容易。

2016年，一个姓丁的女孩特意从吉林赶来，非要加入吕启彪的团队。原来，有一次吕启彪在沈阳讲课，小丁是当时的一位学员，之前她在另一家大型保险公司工作了将近一年。那天她听吕启彪分享了很多神奇的保单，觉得很接地气，对自己帮助很大。她想，吕老师这么优秀，如果跟着他，自己一定能够做得更好。

吕启彪想，她一个人从东北来到河北，举目无亲，没有任何人脉，别说是做业务，就是生活都会遇到困难。如果做不出业绩，怎么向她家人交代？当时委婉地谢绝了，鼓励她说，只要你用心，在哪里做，在哪个公司都可以做好的。

但她还是不愿意放弃，就把自己的想法告诉了家人。她爸爸听了后，鼓励她说："跟这么优秀的人去学习，很好，我支持你。即使不成功，也是一种经历！"

有了爸爸的支持，小丁又给吕启彪打电话。吕启彪就推荐她到北京的一个团队，那个团队更年轻，觉得那里的氛围可能更适合她。小丁想，北京太大了，还是吕老师的团队更加适合自己。春节过后，她就自己跑过来了。吕启彪赶紧安排同事帮她找房子，使小丁很快就进入了角色。

翔龙团队很多人都是被吕启彪的人格魅力感召而来，也是为此而留下的。在伙伴们的眼中，他们的经理非常忙碌，但是不管大事小事，都会放在心上。团队伙伴家里有什么大事喜事他都会关心，有时间会亲自去，没有时间也会安排主管去。

北方过年的时候，都会提前好些天准备好春节吃的馒头。但是他们的团队年底都非常忙，差不多都要到大年三十才能休息。吕启彪更忙，不过他总会给大家准备好年货，馒头、豆沙包、瓜子、糖果等等，人人有份。平时的节日，他也会细心地给大家准备各种礼物。有时候他出差很长时间，很辛苦，但是总不会忘记给大家带一些小礼物，有时是吃的喝的，有时可能只是一把小指甲剪，但都是对伙伴们的一片心意。

当然，更重要的是，跟着吕经理，能够快速成长。他利用自己的人脉，经常请一些精英来给大家讲课。很多老师都是别人请不到的，让大家很是惊喜。

有一次，他在山西的一个活动中做主持，非常忙碌，他不辞劳苦把团队带过去，让当地两位老师为大家讲课。在这里，大家不只是获得事业上的进步，还能结识到很多人脉，增长许多见识。这是一个有情义，更有奔头的团队！

第四章
打造团队

3

蜕变,从雄鹰到领头雁

鹰的每一次蜕变,都是一次艰难的远行。而雁更习惯以群体的方式飞翔。唯有不断突破自我,方能飞向更高、更远的天空!

吕启彪做连续签单的时候,经理曾专门找到他说:"启彪,没有完美的个人,只有完美的团队。你的业绩还可以,有没有考虑向主管发展呢?"

吕启彪有点不以为然地想,个人如果不完美,这个团队能完美吗?但是经理一直鼓励他:"吕启彪,你一定要做团队,不做团队对你将来的发展是很不利的。相信你做团队也一定能行!"

见经理这样坚持,他就同意了。同时也担心:"我又没有什么人脉,去哪里增员呢?"经理轻描淡写地说:"你要实在没人,就去增员自己的客户!"

吕启彪很快就在一个月内增员了 27 个客户。刚开始管理缺少经验,这些客户增进来,跟他刚进来的时候一样,什么都不懂。吕启彪只有给他们做一些简单的培训,就带着他们去拜访客户。每一天,除了自己做业绩还得带他们,真的非常辛苦。他就想,还是自己做业绩好,所以团队一直没有太大发展。

2015 年,吕启彪出席 CMF 冠军联盟的一个活动。当时有一位叫王盛的经理主动找到他,要和他交朋友。原来吕启彪曾在中国人寿总公司的一次高峰会上,给他写过一句勉励的话,还签了名。

这次活期期间,王盛几次找他,跟他讲发展团队如何如何的好。还说,增员之后,无论你睡觉、旅行,哪怕你去国外,都有人在帮你挣钱。吕启彪是这次会议的主持,忙得不可开交。但是禁不住他三番五次地说,后来有点动心了。王盛虽然没有说出具体的做法,却给了他一个新的思路。

当时看到冠军联盟主席——中国人寿的"保险皇后"刘朝霞一年做了一亿多保费,吕启彪心里受到了很大的冲击,同时也激发他的斗志。吕启彪想,在我们那个小城市,如果要达到这样一个辉煌的业绩,要用什么方法才能做得到呢?

虽然自己很勤奋,也积累了几千名客户,但是个人的力量总是有限的,如果发展自己的团队就会有无限的可能。如果增员 10 个人,这 10 个人中有没有可能培养一下"吕启彪"? 10 个不行,

100 个呢？100 不行，1000 个呢？是不是有这个可能？

想到这里，他突然有了战胜困难的勇气。

不久吕启彪又认识了一位加措活佛。这位加措是个 80 后，几岁就当了活佛。他毕业于北京大学，很有学问，也经常给保险业讲课。当时吕启彪和他在南京同台讲课，他讲上午，吕启彪讲下午。吕启彪曾经听别人说活佛很厉害，上知五百年，下知五百年。晚上大家一起吃饭的时候，他问活佛："我想请教您一个问题。"话音刚落，加措说，"我知道你想问什么，但是我只回答你两个问题。"吕启彪当时很惊讶，觉得活佛真神奇。

于是就问了自己最困惑的问题："我想做增员，您看我能成功吗？"加措看了他一会儿，说："你没去做，怎么知道你不行？"吕启彪接着又问第二个问题："你看我这面相怎么样？"加措当时没有说话，他急了，又问："我的下半生会怎么样？"加措活佛笑笑说："你先去增员，增完员下半生就好了。一切都是最好的安排。"

于是，从 2015 年 8 月 1 日开始，吕启彪努力去增员，打造自己的团队。现在团队已经发展到 400 多人了，很多都是朋友之间互相介绍来的。

这时候他想起活佛曾经说过的话，"一切都是最好的安排"，好像真是应验了。

2016 年春节后，国内第一个关于寿险组织发展的专业平台——天雁论坛举行。这次会议的演讲嘉宾，都是国内寿险组织发展的高手，许多人都是数千人的团队长。

当时正是发展团队的关键时期，吕启彪很想去参加这个会议。

可是当时时间确实安排不过来,颇为遗憾。

　　幸运的是,这个会议结束后,天雁论坛的策划人李墨老师就来到翔龙团队,给团队做了一个分享。他详细阐述了雁阵团队的含义——目标高远,勇于开拓;团结协作,井然有序;有情有义,忠诚守信。

　　大雁在飞翔的时候总是排列成井然有序的队形,前面的雁翅膀掀起的气流,可以让后面的雁节省体力,所以一队雁比一只雁可以多飞70%的里程。在雁群里,领头雁要付出最多的体力,所以一个雁阵有多只领头雁轮流领飞。

　　听了他精彩的分享,吕启彪豁然开朗,当时就对团队的人说:"以前我喜欢鹰,因为鹰飞得高,飞得远,行动敏捷。但是现在我突然觉得雁更好,雁是团队协作,目标更加高远!"

　　吕启彪进入中国人寿整整20年,看着它从几千名、几万名营销员到现在已经有120多万人了,2015年创造了4000多亿的保费,这就是团队的力量!

　　他突然意识到,从这一刻开始,自己应该从那只高傲的鹰,转变成一只智勇双全,勇往直前的领头雁,带领翔龙团队越飞越高!

下篇　吕启彪没有秘密

　　许多人都在打探吕启彪的"秘密"。

　　他一介草根，在一个那么小的地方，怎么能够有 6000 名客户，怎么能够创造连续 776 天签单纪录？

　　这些疑问也正体现出他成功的价值，因为他没有优势，没有背景，也没有超级市场做支撑，所以他的成功更有吸引力。

　　吕启彪成功的"秘密"到底是什么？其实越接近他的人越清楚，如果一定要说"秘密"，那就是他总是真正站在客户的角度，把营销员该做的事真正做好，做到极致，再加上自己的一些思考和创新。

　　他相信，只要按照他下面的叙述去做，真正做到位了，别人一样可以成功。

第五章

客户何来

营销员最困惑的是，如何认识更多的人？第二个困惑是，认识了一些人，如何把他变成真正的客户？

很多营销员都不知道要去哪里寻找客户。其实客户可能就在我们身边，关键在于你是否用心。

保险是人人都需要的产品。既然是这样，只要你留意，身边到处都是客户。当然，要成交还得用心。

成交,是情感投资的回报

感恩客户不是在他向你买保险的时候,而是平时点点滴滴为客户服务。这一点很多业务员做不到,要做到,就要真的把客户当做朋友。

很多人只是想,这个产品很好,你有钱,为什么不买?你们有没有思考过,客户为什么一定要向你买?

其实任何销售,都是从服务做起,如果不懂得付出,也不想做服务,哪里会有客户?客户成交是长期的情感投资,所以做销售要能"吃亏",只要你付出了,早晚都会有收获。

我有一个忠诚的老客户,我认识她的过程,说起来很有意思。2006年的时候,我刚搬了新家,房子是一梯二户。因为我平时很爱干净，就在门前放了一块地毯。我希望外面跟家里一样干净，所以每天都会很卖力地擦拭这块地毯，甚至还会顺便把整个楼道都擦得很干净，洁净到可以光着脚直接进屋。

有一天，我正在努力擦地毯。这时从楼上下来一位阿姨，50多岁的样子。她看到我就问："你为什么每天把这层楼擦得很干净，楼上却不去擦呢？"我想她大概是把我当作保洁员了，但是我也没生气，就问她住哪层楼？她说住在十八楼，原来就是我上面一层。我说："那好吧，有时间我去给您擦。"她一听，有点生气地说："什么叫有时间？你现在不就有时间吗？"看来她是真把我当保洁员了。

听她这么说，我就没好意思回绝，于是拎着桶，拿着抹布就上去给她擦了楼道。

擦完以后，我又拎着桶下来，她也跟着下来了。我打开自己家的门，邀请她进来，她一看就说："这是谁的家，不错嘛。"我说："这就我的家呀！"她这时才恍然大悟，说："原来你不是物业的呀！"我笑笑说不是，并且给她倒水喝。

她很爽快地说："好吧，我来参观一下。我的房子正好不知道该怎样装修呢，现在已经停工了，可以参考一下。"因为她楼上的房子结构跟我家完全一样，于是我们就坐下闲聊起来。

她姓廖，原来在一个局里工作，现在已经退休。楼上的房子是她弟弟的，因为弟弟一家人在国外工作，很忙，所以就叫她帮忙监工，我们就这样认识了。

她第二次来我家，留意到我家里放着很多奖杯，就问我做什么工作。我说我叫吕启彪，在保险公司工作。她惊喜地说，"这么巧，今天对上号了。"原来，她哥哥是我的客户，曾经告诉过她，保险很好，代理人吕启彪服务也很好。

她很认真地说："我家也买过保险，我感觉你和那些保险营销员不一样。"究竟哪里不一样，她没说。

后来我们公司开客户答谢会，一张票要一百块钱。我在楼下碰到她，就送给她一张票，告诉她参会可以送礼物。她接下了，答应去。

那天下午，她果真来了。来了之后也没有多说话，直接就签了一张 5 万元的保单。我当时真没想到，她会这么快签我的单。

我们的经理岳娟带她去签单时，好奇地问她："廖姐，您认识我们吕经理多久了？"她说："才认识几天，你们的这个产品不错，吕经理人也好。"

客户通常会说某个产品好不好，很少会说这个人好。岳娟感到纳闷，问她："你才认识吕经理几天呀，怎么就觉得他人好呢？"阿姨回答说："因为他给我们擦楼道呀！"

于是，"吕启彪擦楼道擦来保单"的故事，通过岳娟第二天在早会上的分享不胫而走。连我自己也没想到，这张保单居然是这样来的。事实上，这次擦楼道不仅是擦出一张保单，更是赢得了一个长期支持我的最忠实的客户。

感恩客户不是在他向你买保险的时候，而是平时点点滴滴为客户服务。这一点很多业务员做不到，要做到，就要真的把客户当做朋友。

有一次，我有个客户生病住院了，但是他儿子工作很忙，他的儿媳又怀孕了，没有人照顾她。我煮了一些吃的，准备了一些水果送到医院。他旁边的病床上躺着一位老太太，她家是天津的，当时家人正好不在，于是我也给她准备了一份。

在交谈的时候，她知道我是保险公司的，有点不好意思地说："我没有钱，我要是有钱，我也在你这儿买一份保险。"

我说："这饭一个人吃也是做，两个人吃也是做，举手之劳而已，您不要放在心上。"很多年过去了，我早已把这个事情忘记了。

几年以后的一天，一辆天津牌照的车开到我这里，车上下来一个中年男人，问我："你是吕启彪吗？我找你来买份保险。"

当时我觉得很奇怪："你是天津的，我们也不认识，为什么找我买保险？"他回答说："是我妈让我来的，她在医院里还吃过你两餐饭。"然后他说起以前的事，我愣是半天没想起来，当时只是一件小事，我早就忘记了。

最后他说："我想给孩子买8000块钱保险，你说什么好就买什么！"我当时非常感动，没想到这一汤一饭的事，这个老人居然记得这么多年，而且一直惦记着要报答我，这么有情有义。我只做了这么一件小事，就得到这么大的信任，真不知是从哪儿修来的福气。

欲做事，先做人

销是做人，你人好，才能把产品卖出去；售是做事，不管做多少天，也得把这个活干好了。销售加起来就是做好人，做好事！

一个人可能因为某些背景，或者一定的偶然性，在一段时间取得成功。但是要在事业上长期发展，必须先做好人，才能赢得更多人的长期信任。

我能有今天这样的成绩，是因为公司这个大平台，有无数客户支持，他们一次又一次地接受了我，让我有了很多贵人，推动我的事业不断地向前发展。

我在北京上大学的时候，家里条件不太好。当时我哥哥有一个朋友叫张会学，他经常资助我，鼓励我。我毕业后，他又费了很多周折帮我做了公务员。后来当我想辞去公务员做保险的时候,他对我说:"你如果选择做业务员,就下定决心做一个最好的业务员吧!"

后来我在保险行业闯出了一片天,而他和家人依然过着清贫的生活。即使这样,当我跟他讲解保险的重要性,他的太太还是把节余的钱拿出来买保险。我非常感激他对我的照顾和帮助,有时候会帮他交保费。

懂得感恩,心会更加柔软,也才会去帮助更多的人。

这两年,我想把更多的精力放在团队建设中来,不再只想做第一名了。2016年年初开客户答谢会,我自己就没有邀请客户。但是我的助理李姐还是替我请来了我的三个老客户,其中就包括廖姐,我并不知情。

答谢会那天,当我在会场看到廖姐的时候,我惊讶地问:"廖姐,您怎么来了?"她也有点意外地说:"不是你们李姐请我来的吗!"我说这次是公司的客户答谢会。

她很关心地问我做得怎么样,我说还可以。到了例行的销售环节,经理就问她:"大姐,产品还不错,你要买点不?"她回答说:"我买不买都无所谓,吕启彪他今年的业务做得怎么样?"经理告诉她还是第一名,大姐说:"吕启彪还是第一名,他为什么不请我来呢?"

我在旁边听到她们的对话,赶紧过去解释:"大姐,不是我不请您。实话告诉您,因为今年我做团队了,不想做第一名了,我想把团队带好。"大姐一听,突然不说话了,显得有点失落。

我的经理是一个聪明人，赶紧冲我挤了一下眼睛说："吕经理，你还是得做第一名，大姐这么支持你，你不做第一名都对不起她了。"

大姐看着我说："吕启彪，要是还做第一名，我就继续支持你。你不做第一名，我买不买就无所谓了。"

我们经理对我说："吕启彪，你如果不做第一名，你不做这个旗杆，那别人怎么能看到希望呢？"

我只好说："那好！我今年继续做第一名。"然后廖姐就去刷卡，接连掏出五六张银行卡，一张一张全部刷完了，总共刷了6万块钱。她是一个很感性的人，这时她流着眼泪对我说："我把你当作我的孩子一样，你做第一名，我高兴。所以我全力支持你！"

当时我不知道该对她说什么，只是把礼物送给她。在她离开后，我从楼上走下来，一个人坐在楼道里，内心百感交集："其实我没有给她做什么，她对我实在是太好了！"

廖姐曾经在另外的营销员那里买过保险。有一次她买了一份重疾险，想要对方多送点卡单，以便给她介绍客户。这个卡单只有几块钱成本，但是对方不同意。廖姐对她说"你不要后悔。"这个营销员很不高兴，以为是在威胁她，后来出去接了一个电话。廖姐等了很久，见她一直没有回来，她心想，你最少也得上来给我解释一下，你这样把我丢下很不礼貌。她很伤心，以后再也没有找她买过保险。

后来，这位营销员找到廖姐问："您去吕启彪那里买保险了？是我哪里服务得不好吗？"廖姐回答："这得问你自己呀！"

如果她当时能够在制度允许的情况下，尽量满足廖姐的要求，即使是满足不了，也回来解释清楚，而不是一走了之，也许就不会失去这个客户了。像廖姐这么好的客户，真的是少见，她幸运地遇到了，却没有珍惜。后来，这位营销员后悔地说："我怎么把这个大客户得罪了？"

廖姐的孩子都不在身边，每逢母亲节，或者她的生日，我都会带一点礼品过去。到了过年的时候，我买很多牛羊肉，还有很多她爱吃的东西送过去，我对她说："您把这些加工一下就可以吃了。"她开心地对我说："你真是太好了，比我儿子对我还好。"

后来廖姐成了我最忠实的客户，每年都会买我的保单。只要在布告栏里看到上面写着第一名——吕启彪，她就很开心，都会买保单来支持我，一直到现在。

其实我只是做了一个代理人应该做的最基本的服务，她就对我这么好。但是有的人可能连这些最基本的服务都没做好，哪里还有理由埋怨客户不签单？

打造个人品牌,创造无限可能

你在这个行业坚持越久,你的信誉和品牌就会越好。当你努力提升自己时,奇迹就会产生!

美国有一个保险经理人,他在一个只有3000人口的小镇,做到一亿多美金的保单,看起来不可思议。

我是一个真正的草根,没有任何背景,而且是在廊坊这样一个小城市,但是我积累了6000多个客户,而且全国各地都有我的客户。

所以,只要你做得足够好,一切皆有可能。

当你向客户推销产品的时候,他也一定在考察你是不是值得信任。客户也明白你卖保险会有佣金,为什么他还会重复找你买呢？那是客户认可你的为人。而你的每一次表现，日积月累，就是你的从业档案，就是你的品牌。

要树立个人品牌，首先得做一个让人喜欢的人，再进一步成为一个让客户信任的人。也许你自己察觉不到，一次良好的表现就会为你带来更多加单和转介绍；而一次不好的表现，也可能让你失去客户，包括后面许多看不见的客户。

2006年，是我从业十周年。那年夏天非常炎热，气温高达38度。有一个客户为我转介绍了一个客户，约好下午两点钟在我们公司对面的马路上等他。下午，我准时到达约定地点，这里没有任何遮挡物，连一小块树荫都没有。可左等右等，快一个小时了，客户还没来。我在阳光的暴晒之下，很快就中暑了，口渴、恶心、头晕目眩，非常难受。终于忍不住给客户打电话，通了，但没人接。

我实在想不明白是什么原因，只好回到公司，头晕得厉害，就趴在桌子上休息一下。一会儿客户打电话来，表示道歉，说因为开会没有来见我，又约我第二天两点在老地方见。

到了第二天约定的时间，突然雷电交加，暴雨如注。但是我想，既然和客户约好了就得去赴约，我冒着大雨又来到约定的地方等。这次没等多久，客户就打着雨伞跑过来，并且把我请到他家里。

原来他给孩子买过保险，但是没多久，那个代理人就不做了，现在没有人给他们服务了。所以这一次，他们想找一个敬业、守信的代理人。

接着，他带着歉意告诉我，其实昨天他们一直在对面的楼上观察我，想看我能够在日晒雨淋中坚持多久。我的行为感动了他们，后来，他们全家和他的邻居都成了我的客户。

还有一个客户，是本地一位有名的女企业家。有一天她突然给我打电话，说是要给孙子买保险。我问她买什么类型的，她居然说："你说买什么，我就买什么！"

我过去之后，问她打算买多少保险，她说买两万多。我知道她们家的财产在本地大概可以排进前十名，就诚恳地对她说："对你们家来说，买两万元跟不买没多大区别，起不了什么作用！"

她一听笑着说："那你认为我要买多少呢？"我说："最少也得10多万吧，十年也就100多万，但是以后可以为你孙子创造上千万的价值！"她一听，觉得很有道理，就买了10多万的保单。

后来，我给她送保单，就在保单上打了一句话："我愿意为您服务一辈子，人寿保险是我一辈子的事业！"

她看了这句话很感动，说："我是做企业的，如果我的员工也这样说的话，我就找对人了！"

我就顺便问她，为什么找我买保险。她说："这么多年，经常听说你的名字。尤其像我们这样的家庭，要买保险肯定要找一个可靠的人，如果是我们这一代，那保险业务员不做也就算了，但是这次是给我孙子买，一定要找一个值得信任的人呀！"

我听了这话很感动，这说明我已经成为廊坊保险界的一个品牌了。

要打造个人品牌，最重要的是诚信。我们对自己的客户一定要有诚信,要实实在在做人,不要夸大事实,才能以心换心,获得客户的信任。

我有一位 VIP 老客户,当时他的年缴费已达到 600 多万。

有意思的是,后来我的一个成员把他的儿媳增员过来了。他儿媳来公司的第一张保单就是年缴费 40 万的一份养老保险,连缴十二年的。有一天,这个客户突然给我打了个电话,半开玩笑地说:"你这小子够'黑'的,我儿媳妇说,你在我们家至少赚了四栋楼房了。"我听了有些尴尬,后来就专门找他谈了一次。我告诉他,我们的佣金虽然可观,但只是第一年拿一次,而以后要提供终身服务,所以平均下来算,这佣金并不算很高。这个事过去了,客户也没有过多地计较。

考虑到他儿媳在做保险,我就不怎么找他了,但是对他的服务一点也没有减少。每逢节日、客户的生日,都会为他提供优质服务。

2012 年的开门红有高端客户产说会,几百块钱一张票,我买了两张,给他送了一张。他能买产品当然好,不买就当是给他做服务了。

产说会结束后,这个客户也没说要买任何产品。临走时,我送了一大堆提前为他准备好的年货,顺便问了一声:"我正好要带客户去台湾旅游,现在买产品可以送旅游,可以一起去放松一下。"

客户一听,有了兴趣,他查了一下银行卡,还有 200 多万,便爽快地说:"那我买 35 万,你带我去旅游吧。"

第三天，他到公司来拿保单，我尝试着问他："你要不要给老伴也买一份呢？因为现在有钱还不算真正有钱，老了有钱才会活得有尊严。"他一听，又爽快地答应了。连我自己都感到意外，他儿媳也在这儿做保险，但他还是在我这里买了年缴70万的保单。

第六章

挺进高端

有一个理论：20%的高端客户决定80%的市场份额，同时决定了80%的利润。

高端客户意味着大保单，每个营销员都想挺进高端。我累计有6000多名客户，其中大部分都是小保额的普通客户。我从业的前八年，也就是2004年以前，做的基本都是几百、几千的保单，几万元的都很少。近几年，大保单似乎井喷出来，而一个高端客户就抵得上一大批普通客户。

大保单从哪里来？第一，大保单一定是来自于大量的小保单，因为有量才有质；第二，我们要主动走近高端客户，最终让自己成为高端。

接近高端，要学会"潜水"

世上只有想不通的人，没有走不通的路。你做什么，你讲什么，你就会把自己变成什么样。

销售永远面临两种情况：要么接受，要么拒绝。

有时候，一位营销员签一张几千元的保单，付出的可能并不比签大单少。但是他为什么做不了大单呢？因为高端客户在深水区，而他在浅水区。沟通的时候不能说到大客户的心里去，客户会觉得你跟他不是在一个层次上，自然不给你机会。

所以，我们跟高端客户沟通时，要多说财富规划，可以让富人富过三代，相互之间的话题就会越来越多。

有一年，我在 MDRT 大会上遇到梅第大师，我向他请教：

"您为什么永远都可以做这么大的保单,难道您没有面对拒绝吗?"梅第没有直接回答我,而是给我讲了一个故事。

有一次,别人给他介绍了一个纽约的钢材大王,但是不知道他会不会买保险。梅第第二天就给钢材大王打电话,说他是某某保险公司的梅第。但是钢材大王非常坚定地回绝他:"我不买保险了,你别给我打电话了!"

梅第说:"我不是想让您买保险,我是想向您请教两个问题。第一,您是如何成功的?第二,您是如何管理财务和未来税收的?我想向您学习如何处理这两个问题。"

钢材大王只好说:"那好,你来纽约吧!"

梅第问他的公司门口是否能停直升飞机,对方说可以。梅第马上开着直升飞机过去了,不到两个小时,他的直升飞机就停在钢材大王公司的对面了。

当梅第走进钢材大王的办公室,他什么话都没说,就直接签了500万美金的保单。他说,一个能开着直升飞机卖保险的人,一定是值得信赖的。

骑电动自行车的不可能卖100万的保单,如果卖了也是瞎猫碰上死耗子。要做大保单,一定要在形象、思想等各个方面提升自己。

我相信每一个营销员都梦想接触更多的高端客户,因为一个高端客户抵得上一群普通客户。随着中国经济的快速发展,高收入人群在迅速扩大,服务高端客户正在成为趋势。

那么,怎样才算是高端客户?如何判断高端客户?其实很多人不清楚，并非高收入就是高端客户。

我总结高端客户必须有四个条件：一是收入高；二是身体健康、年龄合适；三是有一定的思想；四是能够持续加保。

首先，必须要高收入。这是基础，没有高收入就没有高品质的生活、地位和品味，就谈不上高端。

第二，身体健康，年龄合适。身体健康是投保人的基本条件，而年龄一般在 35 岁到 60 岁之间。因为太年轻的即使有钱，也很难对保险有客观的认识，而年纪太大就没法投保了。

第三，要有一定的思想。为什么这么讲？因为保险是先进生产力和生产关系的代表，没有思想的人，很难对保险有正确的认识。比如一些暴发户，交流起来非常困难，而且很容易反复无常，有的今天交了保费明天就要求退保。当退保产生损失，他骂了公司以后还要迁怒于代理人。这绝对不是高端客户的表现。

第四，高端客户并非一张保单一定要签多大，而是随着环境的改变和事业的发展会不断地加保，而且保单在逐步地加大。

这些年，我不断思考如何挖掘高端客户，对高端客户用什么话术和技巧，如何让他们买保险，又要如何服务高端客户。后来有一位客户程姐给了我启发。

程姐曾经向我买了年缴 11 万保费的保单。有一次，她组织一个团到迪拜旅游，我也去了。行程中去了 LV 专卖店，当时排队的人很多，轮到她的时候货不多了，她用手指了指，一口气买了 20 多个包，让我非常震惊。

我忍不住问："程姐，您为什么要买这么多包？您又用不完。"

她说,"我也有客户呀,我要送给他们。"后来我带她参观迪拜的保险公司,找了个机会对她说:"越有钱的人越要买保险,要不你再买多点保险?或者给我介绍一些客户?"她拒绝了,我问她为什么。

她说:"你戴的手表才一万八,你开什么车?"我说是别克,她说:"你看我们院子里停的车有一辆别克吗?所以你应该戴18万或是88万的手表。我们对面就是百达菲丽专卖店,你随便去看,喜欢哪款,告诉我。你没钱,我买单,你赚了钱还我。"

看到她这么热情豪爽,我都没有理由拒绝。进了专卖店,服务员非常热情,表也非常精美,可价钱昂贵得吓人——最便宜的也要58.8万人民币。远远超出我的预算,我犹豫不决了,就不好意思地说没有喜欢的。

程姐看穿了我的心思,就问我:"你想不想让我的朋友都成为你的客户?"我说当然想,她说:"那你就先买块手表,我给你付钱。你再分期付款还我。我不怕你跑了,你还犹豫什么?"

我下了决心,就选了那块58.8万的,因为其他的差不多都是上百万的。她马上刷卡帮我买了这块手表。在回程的飞机上,她对我说:"奢侈品是升值的,所以,我买包送给我的客户,你买了这个手表,相信一定会给你带来很好的运气。"

程姐果真遵守承诺,给我介绍了一个客户。这个客户几乎都不问我保险,只问多少钱。我说:"您可以买10万。"他说:"10万就能买?程姐买了什么?"我说程姐买了30多万的。他说,那就给我也买这个。

男人的表，女人的包，都是自己的门面。要想接触高端客户，一定要把自己打扮起来，注意自己的仪容仪表，这是最基本的。

普通客户在浅水区，高端客户在深水区。因此要挺进高端就要会"潜水"，要不断地学习，让自己的知识更丰富，变得越来越优秀。

我们可以像富人一样学些养生知识，可以学打高尔夫球，可以去听高雅音乐会。

一个人有了底蕴，才有底气，跟高端客户才有更多的话题交谈，客户也才会尊重你，更加信任你！

2

经营高端，投资与投入

你的朋友圈决定你的人生，你的客户群决定了你的成就。

销售任何产品之前，一定是先销售自己，首先要让客户接受你。特别是对高端客户，他如果不喜欢你，你卖的东西再好，他也不会要。

富人是我们致富路上最好的老师，他们有着很超前的思维，跟着他们能够学到一些有益的东西。事实上，高端客户的保单往往比普通客户更容易拿到，可能谈一两次就成功了。因为他们看重的是未来前景，不会太过计较眼前利益。

经营高端客户必须先做感情投资，学会投入和付出，不要指望一下子走进他们的世界。

第六章
挺进高端

2012年4月中旬,我带领13名客户去台湾旅游,当然是最豪华的品质游。这13名客户有2个是天津的,4个是北京的,4个是廊坊的,并不都是我熟悉的客户,有的是客户的朋友。

这些客户到了台湾都会有一些特定的要求,比如要去澎湖湾、打高尔夫球,还有一些极具地方特色的乡村深度游。

带他们去台湾旅游,当时不一定产生直接的回报,但是很有收获。一方面可以真正地和客户在一起,另一方面能够深入地了解这些富人到底在想什么,他们喜欢什么样的生活。听他们讲创业经历,了解他们的财富观、他们的投资偏好等等,便于以后的进一步接触。

有一次为了谈一个高端客户,我坚持几次飞海南,陪客户一起聊天,一起玩,一起看大海,时间长了,终于获得了客户的信任,他在我这里签了200万的保单。

一个专业的营销员不仅要投资客户,也要投资自己,一定要学习,不断地完善自己,提高自己的层次。比如签了5张保单,这5张保单里一定有一两个层次比较高的客户。把他们的生日用一个本子记下来,因为他们在这个阶段帮助过你。你以前没有挣到过一万,现在挣到了一万,所以就要服务好他们,在他们的生日送上一份小礼物。想办法让他们给你转介绍,也许下个月就能挣两万了。

有的人说:"我没有做过10万的单,更没有做过20万、50万的单,怎么做高端客户?"如果你连想都不敢想,那你就只能永远做低层次服务。事实上,很多大保单开始都来自于偶然。

2005年，我们公司开始推出100万的单。第一张100万的单居然是误打误撞卖出去的。当时经理对一名人脉很好的兼职营销员说："我们有一个10万元的保单，可以送旅游，你有那么多亲戚，可以去找他们问问。"这名营销员不知道怎么讲，于是就让内勤打了一份计划书，拿着去见他姑姑。他姑姑看了看说："就买这个吧。"第二天公司让他分享如何签下100万的单。他说："我没做100万呀，我做的是10万。"原来是内勤粗心多打了一个"0"，他姑姑看到100万就买了一个100万。这说明，不是客户不买，是你连打都不敢打。如果你打的计划书最多才几万，那么很多高端客户都浪费在你手里了。

这件事给了我启发，后来我就想出了绝招。到公司打一张100万的计划书，放在随身携带的包里。哪怕一个月、两个月，一年、两年没卖出去都没关系，坚持放在包里。当你有一天遇到一个有钱人，你拿出来递给他说："这是我上个月给别人做的计划书，他刚刚买了一份100万的。"客户可能会说："可以买100万吗？那我就买100万。"

所以，大保单一定要敢想，更要投入精力和资金去学习。要经常开早会，让高手指点一下。很多营销员发了一万块钱工资，马上就欢欢喜喜地存进银行。他们从来不投资自己，也不回馈给客户。不去想这一万元有多少用来装扮自己，多少钱用来学习、听课，再用多少钱来服务自己的中高端客户。

现在我有很多高端客户，各行各业的都有，包括上市公司的老总，但是我并不急于让他们买保险。

我更多是在思考：我能给他们带来更多的附加价值吗？所以我努力为客户搭建一个让他们能够交流与合作的平台，这样我才会更有价值，才能跟他们在一个平台上，我相信他们买我的产品是早晚的事。

如果你的收入和你身边的普通收入的人差不多，那说明你远远没有到高端。你应该是身边普通收入者的 20 倍，才能真正挺进高端营销员的行到！

让我们一定记住下面这段话：

能让亿万富翁买保险，你就会成为千万富翁；

能让千万富翁买保险，你就会成为百万富翁；

能让百万富翁买保险，你就会成为一般富翁；

只让一般的人买保险，你就会成为普通员工；

只让下岗职工买保险，你早晚会成为下岗工。

接近高端,行走在高处

高端市场的竞争,是更加高明的竞争。只有自身有足够的温暖,才能高处不惧寒,赢得客户的信任与好感。

很多人都感叹:"到哪里去找高端客户?我怎么能跟高端客户产生交集?"其实,高端客户未必就高高在上,往往就在我们身边。

高端客户要求更有效的沟通,但是并不见得要谈保险。人与人的交往是日久见真情,时间久了就会水到渠成。

我认识一些千万甚至亿万富翁,走进他们的圈子,把我的名片给他们。我的名片文字比较多,印着我的各种荣誉。我说自己给高端客户做资产配置,保险是其中的一种。对高端客户,我们要强调"资产配置"的概念。

　　我一次,我坐高铁去青岛。当时我坐在靠中间走廊的位置,我的里面坐着一位中年男士。过了一会儿,他要出去,我就起身给他让位。我因为坐的时间比较长,就站了起来,一来方便他回来的时候进去,二来自己也活动活动。

　　过了十来分钟,他回来了。看到我还站在那里,就问我:"怎么你还站在这里?"我说:"方便你进去呀。"他可能看我比较有礼貌,就问我去哪里,我说去青岛。

　　这时,我看到他的桌板上放着一本书,书名是《服务的魅力》,是一本美国人写的书。

　　当时我很想看看这本书,但是我不太好意思随便动人家的东西。所以就掏出手机轻轻地拍下来,打算回头去买。

　　就在我拍照的时候,他听见了轻微的"咔嚓"声,就对我说:"你想看这本书的话,就看吧!"我就拿起书看了起来,过了大概两个小时,快到青岛了,我把书放下。

　　那天我正好穿着西装,他就问我:"你是做什么的?"我回答说:"我是做销售的。"他接着问:"销售什么呀?"当时我没有直接回答,就说:"我是给高端客户做规划的,给他们推荐理财产品,以及一些高端客户的养老保险等等。"他说:"我们家也买了一些保险,具体买了什么我不知道,也没有时间了解。"

　　我说:"既然买了,就没有买错的,只有买得不够的。就像高铁上有一等座、二等座和商务坐,客人各有各的需要。"他点头赞同。

过了一会儿,他又问我:"你穿着这么正式,是要去做什么呢?"我回答说去讲课。他说:"怪不得,你说话跟别人不一样,你的课讲得怎么样?出场费多少呢?"

我回答说:"我刚刚讲了一场,三万多。"

他说,"你到我们公司来讲吧,就讲两个小时,讲销售,我给你五万!"他说的这家公司,原来是青岛一家著名的大型企业,主要生产电视机。然后,他给我了一张名片,我一看,他居然是这家名企的董事长,让我很意外。于是我也给他一张名片,我的名片是对折的,上半部分只印着我的名字,下半部分是我所有的荣誉。他看了我的名片,高兴地说:"我就要找你这样的人!"

可见,高端客户的思维和眼界就是不一样,他看到我是保险代理人,不但不排斥,反而热情相邀。于是我顺势说:"咱们加一下微信吧。"他很爽快地拿出手机,扫了一下我的微信。

这之后,我也没有联系他。他是著名企业家,肯定很忙,我也不好随便打扰他。

没过多久,我又要去青岛MTDR特训营讲课,于是我就在朋友圈发微信:"×月×号我在青岛讲课。"没想到他在这条信息后面留言:"我刚好在,我请你吃饭!"我看了很惊喜,就回复他:"吃饭就不要客气了。"他又回复:"你不吃饭,那我给你送点海鲜。"盛情难却,我就把讲课的地址发给了他。

那一天,他真的来了,给我带了海鲜,还认真地听了我讲课。他对我说:"你的课讲得很好,我很喜欢。"

我很开心地跟他合影留念,我把主办单位送的一块玉转送给了他。他问我:"你送这个礼物,有什么特别的意义吗?"我说:"认识你以后,我在你身上学到很多东西,满满的正能量,你的朋友圈很多方面跟别人的不一样。"其实很多人的朋友圈跟别人都不一样,但是我们不要吝啬自己的赞美。

然后他就问我,他这样的家庭要怎样做财务规划。我给他讲了人寿保险,他就很爽快地让我给他做计划。

回去后我很快给他做好计划,告诉他只要把身份证、银行卡拍照发来就可以了。他问:"签字怎么办?"我说:"别人用高铁,我们用飞机,明天早上您就可以收到保单签字了。"因为我认识顺丰快递在本地的一个老总。

第二天一早,保单果然就到了这位老总手里。他很快签了字,当天生效了。我从认识他到签单也就三四个月,只见过两次面。其实高端客户更加爽快,做起决定来也非常果断。

所以,"高端无竞争"这个说法还是很有道理的。

反观一些小客户,却非常麻烦,很小的保单都要反复算计。我有一个客户买了5000块钱的重大疾病保险,第二年我的助理让他缴费,她说必须等吕启彪来。还有两天就失效了,我只好亲自过去。5000块钱保费她给我现金,我数了三遍都是4600,就跟她说不对。她说:"你就少提点。"原来她直接就把我的佣金给扣了。第三年缴费的时候她亲自到公司来,毫不客气地把我办公室的两桶油拎走了。第四年缴费快到了,不知道她又会怎么样。

创造6000个客户的秘密

4

说服高端,提升专业度

交换是一种心理暗示,人在潜意识里都是讲究价值互换。做高端客户,不仅需要关注细节,更重要的是你自己也要足够专业。

我们说"高端无竞争",是因为高端客户有着良好的人生规划和理财意识,他们不需要你做太多工作。他们许多人都具有一定的投资和理财知识,所以你必须比他更加专业,才能说服成交。

有一次,我乘飞机去成都,到太平人寿四川分公司文菊田总监团队讲课。她给我订了一个头等舱。我一般喜欢坐靠过道的位置,因为我怕坐在里面进出的时候影响别人。

当时坐在我旁边的是北京某石油公司的一个老总。后来我们就开始聊天,他就给我讲理财,他讲得很好。后来他突然问我:

"小伙子，你做什么的？感觉你跟别人不一样。"

我回答说："我是业务员，是做高端客户服务的。"他有点不相信，说："你怎么可能是一个业务员，一个业务员怎么可能坐到这儿？"因为头等舱要 8000 多，而普通舱才 1000 多。

一会儿，他有点累了，就闭着眼休息。我看他要睡了，就轻轻地给他盖上毯子。我比较喜欢照顾别人。过了一会儿，他醒了，又开始跟我聊中国的股市。后来又讲到香港的股市，说他在香港的股票上挣到一些钱。后来听香港人说房子会升值，又配置了房产。还好，房子一直在涨。他现在有三套房，一套给儿子住，一套自己住，另一套是单位的房。所以，这么多年挣的还就是北京房子的钱。

我就问他房子有没有卖，有没有租。他说没有。我说："那你相当于没挣钱。"他很惊讶地说："房子一直在涨，为什么说没挣钱呢？我还第一次听人这么说。"我解释说："因为你房子没有卖，也没有出租，只是偶尔住一下，就没有产生经济价值。如果你卖了，然后买了一套小的，你就挣钱了；如果你卖了，换一套更大的，你还得加钱。所以你事实上并没有拿到钱。"

他一听，觉得很有道理，就问我有什么好的建议。我就问他："你是不是永远都能挣钱？"他说："那不一定，因为我马上就要退休了。"我说："退休了，不仅不能挣钱，还需要花更多钱、因为人的寿命越来越长了，我们现在努力挣钱，做规划不就是为了人生最后的那一个阶段能够幸福度过吗？"他点头同意。

他接着说："我以前也在银行买过保险。"我就说："银行主要功能是存钱,理财不专业。"他比较认同我的观点,我就趁机说:"我们交换一下名片吧!"注意,"交换"两个字非常重要,因为这是一种心理暗示,人在潜意识里都是讲究价值互换。你说"交换",对方一般会下意识地递上自己的名片。

果然,他听我一说就起身拿了一张名片给我,然后我们继续交流。我说:"石油行业还是很好的,不管怎样说还是中国的经济支柱。如果每天只涨几角钱,这么巨大的销量,得挣多少钱呀?"

他说:"其实也没有那么好做,石油的输送要铺设大量的管道,这个工程耗资巨大,特别是四川,'蜀道难,难于上青天'嘛,所以就更加麻烦。如果出现一个小小的失误,比如意外事故死了一个人,那就得面对降级处理。"

交谈过程中,他不知不觉就把人生风险说了出来。我感慨道:"确实是,我们河北因为三鹿奶粉事件,很多领导都受到牵连被处分了。看来哪个行业都有很多风险,所以人老了有钱才是真正有钱。"

他说:"是呀,老了有钱才是真正有钱。小伙子,要不你说说,我应该怎么理财?"我就开始说:"股票、黄金、字画有价无市,变现很难。钱可存一些在银行,但是不能存在一张卡上。多存几张卡,方便用。保险是为养老做规划,你老了要花多少,你就存多少。"

在讲理财观念的时候一定要注意,要让他自己说,因为每一个客户的经济实力不一样,我们再根据情况补充。如果你直接就说:"你买10万怎么样?20万怎么样?"这样就有局限了。事实上，许多客户的实力和需求远不止这么多。

果然，这个客户想了想就说："50万怎么样？"其实他只要买10万我就很开心，没想到他一张口就是50万！

我就说："50万，10年需要500万。"他说："没问题，我的房子我也想出手。一出手，我可以把十年的钱全部给你！"我说："50万跟60万没多少区别，60数字更吉利。"他爽快地说："好的，小伙子，你说怎么样就怎么办吧！"

我赶紧打开包，拿出早就给高端客户准备的保单对他说："你就签个字吧。"他很快就签了。等到飞机一落地，我就打开我的手机对他说："您把身份证和银行卡拿来拍一下，您哪张卡里面有钱？等下有贵宾车来接我们！"

他把身份证和银行卡都给了我，说："小伙子，这张卡有钱，这张卡也有钱，你赶紧拍吧！"于是这张单就签了。

从出差途中萍水相逢到很快成交，可见高端人群常常就在我们身边，但是如何把他们变成客户，却需要用心，有很多学问。

第七章

持续加保

销售是什么？销售就是接受。

如果你的客户一家人只有一个买保单，那不叫接受。保险是世界上唯一人人都需要的东西，真正的保险销售就是要让客户重复接受。

正是一大批客户的重复购买，才成全了我的今天。我的客户续保、加保率在90％以上，许多人都觉得不可思议。我们永远不要轻视任何人，永远不要低估客户的购买力。只要你足够专业，将服务做到极致，许多客户都会重复签单。

记住：

只要你真正理解保险，客户就都会认可保险；

只要你肯去推销大单，客户一定会购买大单。

第七章 持续加保

重复需求,别低估客户的购买力

不要总是用自己的口袋去衡量客户的口袋。事实上,我们的口袋可能是口袋,客户的口袋可能是"麻袋"——比我们大了许多倍。

都说犹太人最聪明,尤其对财富有着惊人的理解力和创造力。但是犹太人却很少买股票(股票有涨有跌,风险太大),也很少投资字画和珠宝(这些昂贵的收藏品在需要钱的时候很难脱手),偏偏对保险情有独钟,平均一个犹太人居然拥有15张保单!

犹太人说:"不要问你买了多少保险,而是要问你买得够不够,因为没有一张保单是没有用的。"

我们都知道,人生需要7张保单。客户从第二张保单,到第三张、第四张，到后来的第七张保单，每一张保单都是他的需求。

1996年，我刚刚做保险的时候，有一位姓张的好朋友，比我大十多岁。

有一天他母亲过生日，我去他们家。他们兄弟俩每人一个月要给母亲100元，一年下来是2400元。我对他母亲说："您现在50多岁，还有经济来源，这个钱也没多大用，不如让我帮您保管，您只要存10年，养老还能分一点红，得一些利息。"于是她就买了我第一张保单，当时只有2000多元。

1997年，我又跟张哥说："你看你儿子不到10岁，未来一定需要一大笔教育金，钱存银行利率很低，不如我帮你设计一张保单。"他同意了，后来两个儿子都在我这里买了保险。

后来，他的太太下岗了，我就跟他说："哥们，嫂子未来养老的问题怎么解决呢？你应该给她买一张保单。"他又给太太也买了一张保单。后来有一次我又跟他沟通："你是家里的顶梁柱，一定要买保单，因为你如果生病或者出点什么事，家里的经济来源就没有了。"他觉得我说得很实在，又给他自己买了保险。

时光飞逝，后来他的两个儿子都结婚了，现在是四代人了。他大儿子孩子的名字，还是我给起的，这是多么大的信任！

说来也怪，这个小女孩特别喜欢我抱。后来张哥给这个孙女也买了一张保单，我想，小女孩长大之后跟我就不再陌生，已经是一种亲人的感情了。

可见，只要清楚了保险的功能，每个家庭都有重复购买的需求。

有位刘先生在我这里买了 10 万元的重疾险。送保单的时候，我对他说："同样是人，日本人平均有 6 张保单，中国人 1 张保单还不到。人生要买 7 张保单，你只买了重大疾病的，其他的都没有买。请问刘老板什么时候买第二张？"他说现在是 5 月，差不多七八月份吧。我记下来，七八月份的时候我就找他买第二张。通过这样的方法，客户就会慢慢买到 7 张保单。

要让客户重复接受，你就要做一个让客户喜欢的人，做一个很专业的营销员。

我有一个客户，全家人前前后后在我这里买了 297 张保单！有意思的是，这个客户还是一位伙伴"送"给我的。

2002 年，我们公司办了一次促销活动，保费达到 6000 元就可以去北戴河旅游。当时有一名新营销员，是从农村来的家庭主妇，她也想去旅游，说自己有一个客户可以买 6000 元的保险。我让她把客户约过来。

这个客户来的时候，拎着一个大包。他姓李，比我大 10 岁，家在农村，是给移动和联通做装饰、装修的。我称他李叔，给他介绍了一款储蓄型返钱的保险，1300 元一份。因为这名营销员想去旅游，如果客户只买一份肯定去不了。所以，我尝试着说了 10 份，问他："13000 元怎么样？"他想都没想就说："行，我两个儿子，一人 10 份，一共 26000 元吧！"

他打开包取钱的时候，一边嘀咕："我还以为买保险要买多少钱呢！"我一听，心想他的需求可能远不止这么多，就劝他给自己和爱人也买一点。他同意了，后来一共买了 10 多万。但当时他只带了10万元钱,就让我跟他去银行取钱。

到了银行,他直接进了VIP服务区。我常去这家银行,但这是第一次去VIP服务区。他把银行卡给工作人员,说是取10万,工作人员给了他10万块钱,全是崭新的。我以前过年的时候找银行换新钱,他们总是说没有,不给换,现在才知道VIP和外面取钱是不一样的。

回到公司我继续跟李叔聊保险,因为我的引导,最后他一共交了21万多元保费。这名新营销员因此第一个月就领到了6.8万元佣金,跟我当年进公司的时候差不多。我心想,她以后发展下去也许与我有的一比。然而,事情的发展却完全出乎我的意料。

后来我去了石家庄讲课和学习,大概有一个星期。回来后助理告诉我,这名营销员发完工资就没再来过。我给她打电话,她也不接。去她家里找她,明明听到家里有人说话,我一敲门,孩子就在里面说:"我妈回姥姥家了。"

后来她老公出来了,冷冷地对我说:"你以后别骚扰我媳妇了,她明天就办离职。"我听了很不解,后来才知道就是因为第一个月发了6.8万元,所以他老公觉得保险是骗人的。我觉得特别可惜,观念不正确,真是害死人。

后来经过她同意,我就替她代收保费。到了第三年,李叔知道她不做保险了,就叫我为他服务,问要怎么才能成为我的客户。我说只要在我这儿有保单就可以了。他决定在我这里买一份重大疾病险,我按照他的年龄规定,做了一份最高30万保额的计划书。送计划书的时候,他居然让儿子给我准备了30万现金——原来他没搞清保额与保费的区别，这 30 万给全家人买也没有用完。他就说："剩下的你看着办，买什么都行。"

我觉得这个客户太可爱了，买了四年保险都不知道什么是保额。后来，只要有客户答谢会，他大多会过来，而且都会刷卡，陆陆续续买了很多保险。开始是给两个儿子买，后来又给老伴买，全家都买了。再后来他两个儿子都结婚了，分别生了一男一女。他又给孙子、孙女也买了保险，陆陆续续签了一大堆保单。从来没领过钱，也从来没出过险。

2014 年公司开 VIP 客户答谢会，有 20 张保单以上就可以积分。

他也来了，拎了两袋保单过来！后来统计一下，这中间只有一年没在我这里买保险，因为他儿媳妇被人增员到保险公司了。

但是我并没有因此停止对他的服务，过年过节还是买些螃蟹、带鱼什么的去看他。结果他儿媳妇做了半年就不做了，他又继续找我买保险。

2016 年开门红，他又在我这儿签了一张 80 万的保单。这次我特意看了一下他的保单流水，14 年间他总共在我这儿买了 293 张保单，平均每年超过 20 张，连我自己都难以置信！

2

突破思维定势，一位客户8000万保费

成功要有逆向思维，才能紧握住看不见的机会，还得具有狙击手一样的耐心，始终瞄准目标。

我有一位客户，十年时间累计在我这里交了8000多万保费。这个客户也是通过转介绍来的。

2004年，有一位李女士在我这儿买了5万元的养老保险。我让她给我转介绍，她说可以去找她姐姐。原来她姐姐家生意做得很大，有食品加工、装饰装修、外贸物流、小额贷款等等。

第二天我就带上礼物去拜访她姐姐，她姐姐把我迎进门。我叫她李总，李总说她妹妹已经打电话告诉她了，但是她买过保险了，今天还有事，以后有需要再联系我。听她这么说，我便放下

礼物告辞了。

不过，我并没有放弃——客户买了保险，说明她有保险意识。

既然她有保险意识，那么她有没有买够保额？她买的险种是不是适合她？她的保险是否与经济实力相匹配？所以，我继续跟她保持联系。

2005年，有一天我在缴费大厅碰到她来交保费。我便帮她办理了卡上转账手续，告诉她以后用卡交费就可以了，不需要本人亲自来了。

2006年，她的新公司开业，我精心挑选了两盆长势很好的金钱树去给她贺喜。做生意的人都讲究好彩头，这个礼物让她很开心。后来我听说，她以前的保险代理人——两家公司的5位营销员都先后离开了这个行业，我感觉自己有机会了。我不知道是该感谢这几位同行，还是为他们惋惜。

2007年8月，她来公司领取生存金。我告诉她："您以前买的保险都不带分红，现在的保险有分红。"她问我什么是分红。

我告诉她，分红就是分享保险公司的经营成果，保险公司赚钱会分给客户，最后顺便问一句："您要不要也购买一份分红险？"她就问，她妹妹在我这里买了多少保险。我说5万。她说："我来一个10万行吗？"就这样，在认识她整整三年后，签了第一张10万的保单。

我们要善于发现那些隐藏的机会，要敢于说话。很多时候我们多说一句话，就可能带来意想不到的效果。你不说，机会就溜走了。

2008年9月份,她来交保费时,我特意叫内勤人员给她打出红利通知单,有2000多块钱。

我告诉她:"这2000多块钱是您的,是经营成果分红。"她将信将疑去问内勤,内勤说确实是她的,现在就可以划到她的卡里,也可以放在保险公司累计生息。她说还不错,听她这么说,我又多说一句:"要不然再来一份?"她说再来10万试试,于是又交了10万。

她走的时候内勤都怔住了,说吕经理你怎么这么厉害。他们哪里知道,我已经服务她四年了。

2009年7月,我们举行第一次高端客户答谢会,280元一张票。当时我有很多客户,但是还真没什么高端客户,我就请了她。答谢会上推介了一个储蓄型保单,是十二年缴费,签20万就奖励一个台湾旅游。产品刚介绍完,她第一个跑过来刷卡。我很惊喜,就写了一个20万的,她说:"不要这个,来一个50万的。"我第一反应是50万×27%的佣金是多少?因为我之前从没签过50万的。我跟她确认,并且强调是十二年,总共600万。她说:"你是不是怕我交不起?我也可以一次交。"于是,她签完50万就拿着礼品走了。

这个时候,我才真正领教了什么是高端客户。所以,我们不要轻易低估任何一位客户的能量。

2010年6月,李总给我电话,说她儿子要结婚。我知道,像她这样的家庭,办喜事一定会大操大办,于是带了四个人提前三天给她去帮忙。婚礼在五星级酒店举行,我们帮她摆酒席,招呼客人。婚宴结束，宾客都走了，她对我们表示感谢，说过几天单独请我吃饭。

我说不用，又陪她在酒店结账。她看我还没有要走的意思，就问我还有什么事。我说："最近听一位专家讲，世界上最伟大的爱是母爱。但是母爱有很多种，比如给孩子买车、买房。房子也就是几十年，您给孩子买一辆车180万，也就用十年，而最伟大的爱是持续的爱。"她问我怎么持续，我说就是买些保险，而且特别的日子给孩子特别的爱。她一翻收礼簿，看我随了2000块钱礼金，就说："存20万行吗？"就这样，我用2000元礼金，加上五个人忙活三天，换来20万的保单。

到了11月份，李总又兴奋地给我电话，说他们家小孙女出生了。这次我又带两个人提前一天去给她帮忙。

最后所有人都走了，几乎复制了上一次的场景。我说："最近听教授讲课，世界上最伟大的爱是隔代的爱。您的财产是儿子继承，万一因法律、政策损失，您的孙女可能享受不到。您小孙女长得这么漂亮（其实刚出生的孩子看起来都差不多，但是没有人不喜欢赞美），长大了一定会像奶奶一样成为企业家，像她叔叔一样出国留学。"她一听很开心，就问我该买多少。

我回答说："手心手背都是肉。"她说："那我还买20万？"我说："行，不偏不倚。"她看着手里的一大把份子钱，说："这点钱没啥大用。"于是又加了4万，买了24万的保单。

后来，她小儿子从英国留学回来，也要结婚了。保险起源于英国，英国人都有很好的保险意识。小儿子说："你们叫我创业的时候，一定要留一笔养老金。"于是，她又在我这里给小儿子买了30万的养老保险。

2012年4月，我从韩国旅游回来，给他们家每个人带了一份礼品。后来我跟她闲聊，问她家几口人。她说，总共六口人，他们两口子，两个儿子，一个儿媳，一个小孙女。我说："谁不重要？"她说都重要，我说："谁是家里的顶梁柱？"她老公马上接口说："我是顶梁柱！"

我说："为什么大家都有保险，顶梁柱没有？"她老公说："我不用保险。"我说："这不对，有一天您也要退休。保险也许不是帮您赚多少钱，但是帮助您在保钱。银行卡没用的钱放保险公司，能给您创造最大限度的利润，将来可以作为养老钱，或是传承给孩子。"

他说："你送的参茶我也喝了，我该买多少？"我说："要不然就买一张彩票钱吧？"他说："50万吧！"我说："一年存50万，十年存500万，到了七八十岁可能带来的是2000万！"

我下了楼，在车上把刚才的情况告诉我的助理。助理突然把车停下来说："从你上去到下来不到18分钟，客户就痛快地签了50万，说明客户的心理价位远不只这么多。"这句话给了我很大的触动。

有一些大保单我们根本不敢开口，但却正是客户需要的。因为一个保单对于大客户来说，可能根本起不了什么作用。后来，我就不跟客户说"你应该买多少"，而是说"您觉得应该存多少，您就买多少"。客户说50万的时候，我会说50万有点少，应该是

100万，最后也可能是70万，客户就签了。

  我算了一下，十年下来，这个客户累计在我这里交了8200多万保费！

3

创造价值,让加保不断

如果你能够持续为他人创造价值,他们就可能持续地成为你的客户。你把心给他,他就会以心换心。

2012年开门红快结束时,我们公司还差点业绩,经理找我想办法。我又给李总打电话,说:"快过年了,公司送给您四桶鲁花花生油。"她说:"我们家不吃花生油,我们吃橄榄油。"我说:"您在我们公司存过50万,现在这个产品快要停了,公司通知你们,有富余的钱赶紧存,过完年就不让买了。"说完我也不知道会是什么结果。

第三天我正在开早会,李总来了。经理带她到办公室,我给她倒了一杯水。她又签了一张30万的单,公司发了她2000元的红包。

2013年3月份，公司开客户答谢会，这次是推介一个五年期的保单。我邀请李总参加，她说不去。我说："这次是听老师讲课，有两份礼品，您一份我一份，您不来，我的一份也拿不到。"最后她还是来了。讲完五年期保险，我说："您刚50出头，最适合，相当于交四次就不用交了，中间还返钱"。我这样一说，她从卡里刷了30万，又签了五年。她说："这是给你面子，这是最后一张保单，以后别找我买保险了。"

两个月后，公司又有一个新产品上市，十年缴费的。我问我的四个助理，这次答谢会该请谁。他们说请这个，请那个，我说："咱们请李总吧。"一名助理说："经理呀，咱们薅羊毛不能总挑一只吧？"我说："要不然你约她吧？"他说："我可不敢约。"最后他们都走了。

我只好再次给李总打电话，她说不去。我说专门从北京请的教授，这次是讲家族企业管理，最后她还是答应过来听听。

教授讲得真的挺好，家族的风险，股东应该合理分配资产。讲到最后，又讲到保险，说这个保险怎么样。她觉得挺对的，又说："我最后再刷一次卡，我老公50万，我也50万，以后再有什么样的好产品我也不刷了。"我送她走的时候，她说："以后别再给我打电话买保险，以前买的我会按时交费。"

又过了几个月，公司召开积分会，我给她打电话："李总，这次有好事！"她问："有什么好事呢?"我告诉她："现在能把您的保单变成万能账户，日结息月付利，就像鸡下蛋，蛋孵鸡，利滚利。"她一听,又有了兴趣,想听听保单怎么会变成养鸡场的。

听完之后,我问她感觉如何,她说挺好。但是必须重新买一张保单才能激活原来的保单。我问她:"要激活吗?"她说不用了,没带银行卡。我让助理拿来一张纸,告诉她今天正好有一个18万的生存金到期,把这18万生存金到期激活就可以了。她听说这18万可以激活,就说把这18万存上。

她一边签字一边问我:"小吕你跟我说实话,是不是因为我今天18万生存金到期,你们才开的产品说明会?"我说真不是,真是巧合。她半开玩笑地说:"我这18万存完看你还有什么招,以后多好的产品都别叫我了。"

元旦节的时候,我们又举办一场答谢会。这次只要客户来了就有礼品,进门有礼,中间抽奖,最后再送一份礼品。我给李总打电话,她说:"这回又要干嘛呀?"我说元旦节有一个客户答谢会,专门为VIP钻石客户准备的,不讲保险,只是讲讲公司的情况。您可以不带银行卡,只带身份证,进门有礼,中间抽奖,最后还送一份礼品。

这样说她还是来了。中间一轮一轮抽奖,从小到大,三等奖、二等奖、一等奖,她一直在低头玩手机。但是她的运气特别好,最后中了大奖,是每人14000元的巴厘岛旅游。

她上去领奖的时候,我们经理问她的代理人是谁,她说是吕启彪。经理说:"吕启彪做了18年,年年第一名,还出国讲课,服务特别好。"经理就请我上台,三个人一起合影。经理问她:"新年第一天,这么有意义的日子,您愿不愿意吕启彪还是第一名，愿意支持他的工作吗?"她说愿意，支持50万。于是跑回去拿卡，就刷了50万。公司送给她一台车载冰箱，价值800块钱左右。

月底公司兑现旅游，她让她儿媳妇去了。什么样的客户就有什么样的服务，巴厘岛旅游一般是一个人7000元，我的团是14000元。住的都是最豪华的五星级酒店，每个人住一栋，提供三种洗发水，三种沐浴露，三种防晒霜，每人三副太阳镜，各种海鲜都是用大盘，包吃够。她儿媳妇给婆婆发照片，说和吕总的客户旅游就是不一样，住这么好的别墅，吃这么大的龙虾，说的滔滔不绝。婆婆说："吃得好，喝得好，等着让你买保险。"

11天后，李总给我打电话，请我吃饭。这很出乎我的意料。原来她儿媳是做漆器生意的，在巴厘岛旅游中，认识了我的另一个客户，在她那里进了几千万元的货。这么大的生意，肯定赚了一大笔钱，我很开心，觉得自己有价值，能给客户创造利润。

去之前，我让助理打好了计划书。去的时候又特意带着三种红酒，吃饭的时候又放上她最爱听的理查德·克莱德曼的钢琴曲。音乐一放、红酒一喝，就开始赞美她。

她喝得非常开心，说得也挺好。适当的时候我就临门一脚，把计划书拿出来说："像您这样的身份，就应该来一张这样的保单。"为了这张保单，我准备了一个礼拜。我对她说："你买或者不买保险，意外就在那里，不增不减。不是因为你买了保险风险就不来临，也不是因为你不买保险风险就来临。风险就是意外，你信或者不信保险，风险就在那里，不多不少。你爱或者不爱保险，保障就在那里，不离不弃。人寿保险就是不离不弃爱你一万年。"

"不增不减、不多不少、不离不弃"，非常精妙，让人信服。她听完以后说："你要早跟我说这个，我就不买那些了。"于是，成交了一单213万元的10年期标准保费。那是2014年4月。

当年9月份，我又帮她一个侄子在一个石油单位找了一个工作，她为了谢我，又买了一张50万的保单。

以前她多次表示再也不在我这里买保险了，但是买完这三张保单后，她再也不说不买保险了。也许她明白了，保险注定会陪伴她一生。

2015年，她又支持了我130万保费，2016年1月1号开门红再次支持168万保费。

我们的客户来自各行各业，我们为他们牵线搭桥，让客户实现资源共享，促成他们相互做生意得利。这时候，你再和客户成交就很容易，甚至只要你敢说，客户就会买。

第八章

极致服务

美国推销员乔·吉拉德在其辉煌的推销生涯中总结出了一套"250定律",意思是每一位顾客身后都站着250名亲朋好友,这些亲朋好友都是你的潜在客户。如果你能赢得一位顾客的好感,也就意味着可能赢得250个人的好感。同样,如果得罪了一名顾客,也可能得罪了250名顾客。

可能很多人都听说过这个定律,但是却不懂得如何开发这个客户身后的250个客户。

销售的核心是服务。在这个信息时代,其实产品都没有太大差别,但是每个人的服务却千差万别。只要你的服务做得足够好,做到极致,就没有销售不了的产品。

第八章
极致服务

服务赢人心,细节定成败

成败的关键不是知,而在于行。当我们真正把每一个细节做好了,接连起来就是一条通向成功的高速列车。

很多人都问我:"你为什么会有那么多客户?"事实上,我有六成的客户都来自转介绍。

从理论上讲,转介绍可以无穷尽,这样滚下去,客户就会源源不断。但是,转介绍有一个重要前提,就是服务好现有的客户。所以,你的服务有多好,你的客户就有多少。

怎么服务好客户呢?我的经验就是:腿勤、腰软、嘴甜。

腿勤就是要多拜访客户;腰软就是永远都保持谦卑,要尊重客户;嘴甜就是要会说话。为什么有的人说话客户喜欢听,有的人说出来客户就不喜欢听呢？客户如果不喜欢你说话就会拒绝你，更不会为你转介绍了。

销售的竞争其实就是服务的竞争。这句话相信所有的人都明白，但是你是否真的做好了？其实，服务的关键体现在与客户相处的每时每刻、点点滴滴的每一个细节上。

善于把握客户的喜好

2016年初，我有三张保单都是客户主动打电话来签的。这三个客户是怎么来的呢？

我有一个客户，她生日那天，我让助理去给她过生日。我记得她以前来签单的时候是穿着一件粉色的裙子，所以，我就特意让助理给她买了蛋糕和粉色玫瑰。

结果她很开心，对着蛋糕又是拍照又是发微信朋友圈。还特意写道："这是中国人寿吕启彪送我的生日礼物！"给我做了一个自媒体广告。

于是她的朋友圈收到留言："为什么我们也是买保险，生日却没有蛋糕和玫瑰呢？"这个客户回复："因为我买的是吕启彪的保险，他是一个很棒的营销员，他的服务非常好。"结果，她的朋友中就有三个人主动打电话来向我买保险。

其实蛋糕和玫瑰也花不了多少钱，但并不是每一个人营销员都懂得为客户送生日蛋糕和玫瑰，因为很多营销员心里只想着签单，却很少从客户的角度考虑他们的需求，乃至他们细微的心思。

处处体现对客户的尊重

每个营销员都知道要尊重客户，但是在与客户的交往中未必

第八章 极致服务

真能做到。对客户的尊重，不仅体现在各种细节中，而且要因人而异。

在2008年北京残奥会开幕式上，北京奥组委主席刘淇与国际残奥会主席克雷文两人一同走上主席台。当时克雷文自己摇着轮椅，与刘淇并排前行。电视直播后，有些观众质疑刘淇为什么不给克雷文推轮椅？后来刘淇解释说，让克雷文主席自己摇轮椅，恰恰是表示对他的尊重，因为他可以像正常人一样。

刘淇主席的表现也给了我们做销售很好的启发，就是要善于把握客户的心理。我也有过类似的经历。

我有一个转介绍的客户是山东潍坊的一个残疾人，是在文革的时候从楼上摔下来受伤的。但是他很自强，自己做高档皮具生意，在2001年的时候，他卖的包就要两千块一个，是非常贵的。

他是一个非常乐观自强的人，我在他身上学到了很多东西。有一次我推着他的轮椅外出散步，他随着音乐的节拍轻松地哼唱："我的未来不是梦！"让我深受感染。

有一天，我请他吃饭，服务员给他倒了一杯水。但是他坐着轮椅，够不着那杯水，他的助理又刚好走开了。于是我就过去把他的椅子推过来，他就可以够着那杯水了。吃过饭后，他主动说："我在你这里买一份保险吧。"签完合同以后，我有点好奇地问他："你为什么要在我这里买保单呢？"

他回答说："因为你非常懂得尊重人。一般人见到我总是盯着我的腿看，但是你没有。而且我刚才要喝水，你没有直接给我端水，而是把我推过去，让我自己端水，这说明你很懂得照顾别人的自尊。所以,我买保险,一定要找你这样的人买。"

后来我去给他送保单的时候,他正要去云南旅游,我就送了他一个很精致的指南针,它既可以当指南针,又可以当手表用。他接过礼物,说:"你这个人很细心,我给你介绍一个朋友吧!"后来他就给我介绍一位很有名的主持人,并对这位主持人说我是他的亲戚。这位主持人真的在我这里签了一张保单。后来,这个客户又给我介绍了一个高端客户,要签一张10万元的保单。

我有很多这样转介绍的客户。其实要获得转介绍很简单,你只要把老客户服务好,比什么都强。服务老客户,提高他们的转介绍,要比开发一个新客户的成本低很多。

注意交谈中必要的礼仪

我在拜访客户时还会注重很多细节。首先是把所有的资料准备好,这样可以避免在客户面前慌乱;其次是出门前打理装容,保持整洁的形象;然后还要注意尽量不喝水,特别是陌生客户,或者异性客户,因为如果和客户交谈的过程中,要去洗手间,是很不礼貌的。

交谈时,要轻声慢语,语速平缓,态度谦和,全神贯注。因为眼睛是心灵的窗户,整个过程中一定要用真诚的眼光望着对方,千万不要目光游移,否则既轻漫客户,也显得很不自信,客户马上就可以感觉到。

最后,递保单的时候,要按照客户的阅读方向,用双手递过去,带着很真诚的微笑。这虽然是小细节,但却体现出我们的谦恭和对客户的尊重。你尊重别人,别人就会重视你,至少不好拒绝你。

善于创造个性化服务

我给客户送保单时，跟别人不太一样，主要有两个独特的做法。

第一，精心为客户挑选保单编号。因为保单数字本身也包含着许多寓意，很多客户，特别是大客户都会喜欢某些数字，或者不喜欢某些数字。所以我针对这些客户会特别留意保单编号，然后询问："这个保单号你喜欢吗？"如果是他喜欢的，客户看到你为他考虑得这么细致，基本不可能拒绝，还会积极地为你转介绍。如果不喜欢，还可以换。这些小小的细节，体现了对客户的尊重。那一瞬间，客户就在心里接受了我。

第二，我给客户的保单上都盖了一个自己刻的印章，是我送客户的一句话："我愿意为您全家提供服务，人寿保险将是我终身的职业。"后面是电话号码和我的名字。这体现了我对他们的承诺，让客户放心，甚至会感动，也是一种很好的宣传。很多客户看到，觉得吕启彪与众不同，买保险就找我，他们在无形中成了我的一个招牌。

2

礼行天下，芝麻开门

一棵树上盛开的花，不会都结果，但是总有一些是一定会结果的。现实中没有阿里巴巴的咒语，唯有诚心诚意才能让芝麻开门。

不同的客户决定不同的保费，也取决于我们提供什么样的服务。保险行销一定要记住：礼物拿在手，保险好开口。

礼品十分重要，也很有讲究。送礼不光是在过年、过节、过生日的时候，平时我们见客户最好都能带上一份礼品。因为送礼物不仅是一种礼节，更代表着你对这个客户的关心。你给客户什么样的礼品，客户就可能给你多大的保单。

前面讲的那个累计买了8000多万保险的李总，后来有意躲着我。有一次我去韩国旅游，十分用心地给她家人都带了礼品：送给她的是化妆品,她老公是韩国参茶,两个儿子是腰带,小孙女是衣服。他们在电话里听说我是去送礼品的,也不好拒绝。她老公喝了我送的参茶,当场签了一张50万的保单。

她家办喜事,我除了送礼,还带人去帮忙,甚至毛遂自荐去做账房先生,这都是"礼尚往来"。其实收礼金的时候,我也认识了很多宾客,这些人就可能成为我的客户。

俗话说:"一回生,二回熟。"我觉得可以更快一些,一回熟,二回成为朋友,像亲戚一样走动,到了第三回,他就可以为你转介绍了。

如果你收到请帖,千万不要抱怨半天,怕给红包。你去时给客户带个小礼物,客户与你的关系一定会拉近很多。

有一年我去台湾巡回演讲,台湾讲师和学员送了我很多礼物,整个房间里礼物堆积如山,后来光关税就付了5000多元。其中有一位董事长,送了我一罐非常有名的阿里山茶叶。我心里想,要把这个茶叶带回大陆,送给我一直惦记的一位客户——一个家具店的老板。

回去后,我先给他发了一条手机短信:

尊敬的×××你好!中国人寿保险公司精心推出了一款顶级养老保险产品×××,9月份将在廊坊限量销售。它不是社保,胜过社保,只需存入十年,退休后就可以年年领钱,年年分红,能保证老有所养,让老年后的生活有品质、有尊严。存上首笔保险费后,可年年分红,永不贬值。

你的寿险理财顾问吕启彪

创造6000个客户的秘密

发了短信后,他也没有回复我。过了一天,我又给他打电话:"我去了一趟台湾,给您带了一罐阿里山的茶叶,准备给你送过去。"

客户一听很高兴地说:"这么大老远,你还给我带茶叶。"见到客户后,我给他详细介绍了这个保险的好处,他听完以后觉得很不错。但是又认为自己都51岁了,要交十年,都年过60了,如果自己活不过80岁,就不划算。

我说:"怎么没有用呢?年轻的人买保险,他们累计生息比较多,得到保险公司的分红也比较多。年纪大的买保险,能保证老年的生活品质不降低,生活得有尊严。"他觉得我说的话有道理,但还是犹豫。于是,我赶紧告辞,说过两天再来拜访他。

回去后我又去礼品店为他再次挑选礼物。我看中一个镶有玉兔的银盘,这个银盘有个很好听的名字——百年玉兔。这年刚好是兔年,寓意非常好。我马上决定买下来。

当我把这个礼物送给客户时,对他说:"送您一个玉兔百岁盘,有了这个,你一定能活过一百岁!"人都需要心里安慰。这个礼物不仅让客户觉得很开心,他之前的担心也似乎一下子化解了。他很感动地说:"你还真的送我这么名贵的礼物呀?你推荐的那个保险多少钱?我买了,下午过来签约吧!"

没想到下午我去签的不是一份保单,而是四份保单。他们一家四口,一人买了一份!

送礼不在贵重,事实上,很多大客户我们根本送不起,关键在于用心。比如给客户送花,送什么花,什么颜色,什么时候送,送办公室还是家里,都要用心思考,才能让客户乐意接受。

2015年中秋节,我送给客户的礼物是一张贺卡,加一瓶奥地利的酒。这个酒不贵,几百块,但是包装很高档,很精美。每个客户拿在手里都非常喜欢。

为了2016年的开门红,我在前一年8月就开始做准备。很多人不理解:"现在你就为开门红做准备了吗?"我觉得应该,因为开门红决定了一年的业绩。当时我定了100多份礼品,总共只花了几万块。结果开门红一天就做了100多张保单,收了400多万的保费,一天就做到了TOT!

其实这些礼品花不了多少钱,却是一份心意,客户看到我们这么用心,会感到很温暖。

廖姐是我忠实的客户,公司有什么福利,我都会想到她。有一次公司奖励去韩国旅游,我马上给她打电话,邀请她去。她很开心,问我为什么这么客气。我说:"这是公司奖励家人的,我把它送给您,是因为我没有把您当客户,而是当作我的家人。"没多久,她就主动给我介绍了两个客户。

礼品虽然不一定贵重,却代表了我们的一份情意,通常会感染客户,有助于提升转介绍和续保、加保率。

3

成功无捷径，一定有方法

我们找到客户之后要天天惦记他，每天用心去琢磨他，最后他就成交了。

保险是很专业的产品，不是在街头叫卖。所以成功的营销一定要条理清晰，现场反应快，想法多，要特别用心。

记得2003年"非典"时期，北京一带是重灾区，很多客户都闭门谢客，根本约不到。但是公司有业绩要求，并不会因为流行病而降低标准。怎么办呢？最后我想了个办法，我找到装修工人，把我的名片给他们，让他们在给别人做装修时顺便发张名片，后来果然签了不少保单。

我们要创造机会见到客户，但是见到客户也不意味就能够轻易成交的，还需要多动脑筋。

有一次，我在参加一个活动时认识了中央电视台一位著名主持人。我主动过去跟他打招呼："您好！我非常喜欢您的主持风格，我可以跟您合张影吗？"他很开心，爽快地接受了。

然后我告诉他，我们公司免费为这次活动的工作人员提供每人6万元的意外险。其实，这个意外险是我花钱为他们买的。

他听说是我免费赞助的，很吃惊，于是我们就有了联系。彼此之间熟悉了，我就开始跟他聊保险。名人更需要保险，虽然他们也不一定都懂得保险，但是他们很好沟通。几次接触下来，他们很多人都成了我的客户。

我做了很多明星的保单，包括著名歌星、央视主持人，也有一些三四线明星。名字嘛，就不方便一一透露了。

2012年6月，我要去美国参加MDRT。当时，平安保险的"销售女神"胡柳正在着重推广重疾险，我听说后，就想和她来个竞赛。在一个大会上，我夸下海口，要在一个月内挑战100件重疾险。我和胡柳是好朋友，她在福州，当时我们每天都通电话。

我来自小城市，我算了算，每天见三五个客户，成交一两张保单，这样做一个月成交100张肯定不行。我没有三头六臂，分身乏术，时间是有限的，怎么办？

成功无捷径，但一定有方法。后来我想，唯一的办法是邀请我的老客户做保单年检，这样他们就会积极响应，很快聚集起来。邀约函是这样写的：

您好！请问是××吗？我是中国人寿保险吕启彪服务中心。

您是吕经理的老客户，为了维护您的保单权益，今年吕经理特别定于×月×日上午×点为老客户做客户升级和保单综合年检，请您带齐保单到公司准时参加。谢谢！

这还不够，在100件的压力之下，我还专门找一些"大户"人家。第一个是歌手含笑。他太太说："你要能挑战成功，我就买你的保险；你要不成功，我就买别人的，毕竟你在廊坊，我们在北京，多少有点距离。"

接着，我直接找到保险行业内的一些知名人士，这真的需要勇气。记得有一年我去参加MDRT年会，带去10份保单，当时签了7份，都是向与会的同行签的。

第二个是中国保险鼎翊论坛主席李海峰，6月1号深夜将近1点的时候签的单。他说："既然你选择了我，反正我重大疾病买不够。"他买了顶额的50万。

第三个是蹇宏，作为中国保险精英圆桌大会主席，他倒是不偏不倚，在我和胡柳那儿都签了一张重大疾病险。

新华保险北京分公司的李国斌总经理，请我去他们公司讲课，我说我没时间，正在挑战重疾保险。他说："就冲你这种精神，我们请你，我也要买重疾保险。"讲完课，他也成了我的客户。平安人寿上海分公司总监庞国平，也叫我去给他团队讲课，同样，他也成了我的客户。

有一天，我和《生命密码》应用导师卢叙章一起飞到广州讲课。我们正说话的时候，飞机抖了几下，我笑着问他："恐怖吗？"他说："恐怖。"我说："人生中没有一万就有万一，要不要买保险?"于是,他把 3 万元的讲课费交给我,变成了保费。

新华保险温州分公司总监方云媚,太平人寿北京分公司总监林雪燕、太平人寿销售高手堵继辉、信诚人寿总监王博雯老师也都跟我签了一张。深圳富迪公司曾经聘请我担任他们的营销顾问,董事长王志勇对我说,如果不够 100 件,就找他买。

结果,保单年检第一次邀约了 53 个客户,最后来现场 51 个。很多都不是我们本地人,全国各地的都有,有些是我服务十几年的老客户,他们对我很信任。其中有些客户搬家了,或者换了电话,就让他们填写资料,同时填写三个紧急联络人。之后检测他们的保障是否足额、全面、合理,是否领生存金等等。

做完检测,我开始和客户讲重疾保单是家庭的必备品,并播放了电视剧《心术》的片段,讲的是发生重大疾病对家庭的影响,客户看了很受触动。

然后,我又现身说法,讲了一下我家的事,客户感觉更加真实。讲完之后,每人旁边放了一张纸,纸上这样写道:
尊敬的客户:

您好!

我已经清楚地向您解释了保险真正的意义和功用。您虽然购买了分红型和养老型保险产品,但是我建议您再次购买重大疾病保险和人身意外伤害保险,因为这两款保险是生活当中最基本的保障型产品,也是生活中的必需品。

如果您确定不购买,坚持自己的原则,为了避免以后产生各种纠纷(假如您家里人真的发生了重大疾病或意外伤害的话,因为是您自动放弃缴费少、保障功能全面的重疾保险的，保险公司是不负责的），请您及家人不要给公司和我打电话。

后面是投保人签字，以及保险家庭理财顾问签字。

看到这份告知，很多客户都在保单上签了名。邀约了53个客户，来了51个，当天生效57张保单，连我们公司打扫卫生的大姐都给孩子买了！

最后，我在6月份完成了139张保单，比原定目标多出39张。实际上，这一个月我有11天在美国，在美国期间也签了18张保单！

第九章

超级说服

真正的销售就是我们说的是对方想听的,我们卖的是对方想买的,也是客户想要的。

成功的销售就是愉快的交谈,一定要和客户沟通到位,聊到差不多的时候客户很容易签单了,签单的时候客户感觉很美妙。

我们销售的永远不是产品,而是观念。当你把观念销售出去的时候,签单率就越高,客户买的数额就会越大。

要掌握保险超级说服术,一定要认真学习,了解各种相关政策法规,比如《公司法》《合同法》《税法》《保险法》《婚姻法》等等,这样才能为客户提供更专业的服务,并运用法律条文来说服客户成交。

成功说服，传递保险真价值

说服人不是与人比口才，而是体现了专业、用心，设身处地为他人着想，并在交流时恰到好处，取得共识。

在我看来，如果你能够表达清楚以下四个问题，你就会卖保险了。

（1）保险是什么？

（2）保险保什么？

（3）销售是什么？

（4）服务是什么？

保险是什么？保险就是两个字——帮助。

保险是帮助客户解决问题的一种重要工具，特别是重大疾病险和意外险，对每个家庭起到了重要的杠杆作用。

从销售的角度讲，我们是帮客户解决问题，还是帮客户制造问题？多数人可能都觉得保险是解决问题，事实上，真正的高手是先帮客户制造问题，然后再帮助他解决这个问题。

因此，我们要学会讲故事，讲一些发生在别人身上的案例，然后告诉他保险早晚会帮到他。本书中已经有很多这样的案例。

那么，保险的核心价值归结起来就是两点：

第一，保险可能不会帮你赚很多钱，但是一定会帮你保住你赚到的钱。这是保险真正的意义，尤其是对高端人群。

第二，保险不是用来改变生活的，而是来防止生活被改变的。因为某种突发的事件，比如意外风险、投资失败等，都要靠保险来保全。

人寿保险是全世界最温暖的金融产品。所以要告诉客户，给孩子一张存折，或者一套房子、一部车，都不能代表你的温度。最有温度的就是人寿保单，因为人寿保单带来的就是爱、价值、责任。

保险保什么？保险就保两样——第一是保人，第二是保钱。

保人，就是解决你的健康问题、医疗问题、身体问题；保钱，就是解决你的钱以后用得完和用不完的问题。

销售是什么？销售也是两个字——接受。

如果你的客户只买一份保单，那还不是真正的接受，他可能是跟风，也可能是碍于面子。真正的接受是重复购买，买够了人生必需的 7 张保单，他才真正懂得保险的价值。

服务是什么？服务是客户对你的认可，是由人品决定产品。

如果客户认可你了，认为你的人品好，他一定会购买你的保险。你是客户喜欢的人，可能只要打个电话，他就买了。我有很多客户都是这样，甚至会主动来问："你们开门红是不是又来了？"他知道开门红奖励最高，就买了。

我和客户交流的时候，一般是在一张白纸上写下几个问题。

第一个问题：他的钱是怎么来的？我会问李老板、刘老板："你以前赚钱是用什么方式，你的钱是怎么来？"很多人是靠身体、知识、机会，或者通过政策赚到的钱。

第二个问题：他的钱放在哪里？有的客户说再投资，有的说放在银行，有的说借给别人，或者其他什么地方。

第三个问题：他的钱将来去哪里？可能要通过消费流向社会，也有一部分变成不动产，还有一部分传承给子女。

为什么要问这三个问题？我会问客户："我们是帮你赚钱还是帮你花钱？"客户不懂保险，往往会说是花钱买保险。

事实上，保险分两种类型，一种是消费型，一种是赚钱型。消费型就是意外险和车险、财产险等。意外险是消费品，车险是必须的，财产险也是消费型。而重大疾病保险赔的比交的多，所以要跟客户讲，我们是帮助他赚钱的。

既然是赚钱，接着问客户："你赚的钱归谁用？"这里有四种情况：第一种是只给自己用；第二种是给自己和家人用，包括配偶、子女、父母等等；第三种是给别人用；最后一种是流入社会，给国家用。

大概只有5%的客户会说只给自己用，大部分人会选择给自己和家人用，很少会有人选择给别人用或给国家用。

那么问题来了，既然是给自己或是家人用，请问如何用？人的赚钱能力不一样，有些人可能不够用，有些人可能用不完。如果不够用我们怎么办？如果用不完又怎么办？世界上有一个最佳的理财工具能帮助你解决这个问题，就是人寿保险。

保险真正的作用是什么？就是"解决穷人不够花，解决富人花不完"的问题，保险真正卖的就是这14个字。所以，我们要理直气壮地跟客户讲，保险既保身体又保财富。如果您需要用一辈子累计财富，何不通过合法规划，花一笔小钱，保全您的财富呢？

为了更形象地说明这一点，我有时会用一张很简单的图表来告诉客户两个问题。

第一个问题：人会不会生病？存在两种可能：也许会，也许不会（事实上，会与不会是相对的，因为人的一生中小病总是会有的）。而生病了就需要花钱，花钱也有两种，一个是花自己的，一个是花别人的，这是杠杆的经济原理。杠杆的作用就是决定你花自己的钱还是花别人的钱。

第二个问题：人会不会老？这个没有选择，一定会老，任何人都一样。现在中国人的平均寿命已经达到75岁，比20年前提高了5岁多，再过20年，平均寿命就在80岁以上，甚至达到100岁也很有可能。人人渴望长寿，但是人老了没有能力赚钱，却仍然要花钱，身体不好花钱更多。

花钱也有两种，一个是花自己的，一个是花别人的。人寿保险就是在你不能赚钱的时候让你还有钱花。在年轻的时候，一定要为自己储备一份未来的退休理财规划。

所以保险是有钱人多买点，没钱人少买点。不管你有钱没钱，借钱也要买一点。没有买错的保单，只有买不够的保单，买保险没有更好，只有最好！

2

保护神，让女性成为"女神"

保险是幸福生活的保护神，对于女性尤其如此，可以一辈子守护她们，让她们因为有了保险而成为"女神"。

真正的销售，其实是愉快的聊天过程。大多数家庭买保险都是女主人做主，我们交流的对象也往往是女性。

女人一般聊的都是家庭、孩子，我们就从这个话题入手。很多中国人买保险都是先给孩子买。一般我的第一张保单都是随客户所愿，客户愿意给谁买就给谁买。你强行跟客户说给大人买、给男人买，这样就难以成交。

聊天中，一定要聊到对方的担忧，比如聊我们在手机微信、短信、微博中经常看到的意外、风险等等。还有就是存款制度，比如 50 万以上银行会怎样怎样。这样慢慢跟客户讲保险和银行最大的区别，保险和理财的区别，保单给你的是承诺，银行给你的是挥霍。最后再聊如何完成对方的心愿，比如将来你的孩子要出国留学，费用准备好了吗？这样，客户在你毫无痕迹的引导中，就接受了你的观念。

中国女人有两个最大的悲哀，第一个是做家庭主妇，每天就管孩子、做饭、洗衣，和外界都脱节了；第二个是没有经济自主权，甚至把孩子的压岁钱、生日钱给花了。所以她们更需要保险。

现在都喜欢说"女神"。我们要告诉她，保险就是保护神，有了保险，女性才能真正成为女神，而不是依附于男人的"灰姑娘"。

现实中，许多女性因为不懂法，也没有保险，而将辛苦一生积累的财富付之东流。

我有一位女性客户，当初我建议她用财产买保险做趸交。因为趸交比银行利息高，可以借款、还款，而且现金价值也很高。但是她不听，因为爱女心切，把自己的 2000 万元全部存到了女儿的存折上。

后来她女儿长大出嫁了。很不幸，她不能生育。老公在几年后申请和她离婚，财产被分割，一人一半。后来她老公又发现了她妈妈当初存在她名下的 2000 万元存款，又打官司分走了一半。

经此打击，她的女儿得了抑郁症。这位母亲痛心疾首地说："我的女儿让人家白睡了三四年，还赔了 2000 多万。"

现在中国大城市的离婚率比美国还高，据说北京的离婚率已经超过40%,也就是说两对结婚的差不多就有一对要离婚。但是中国很多家庭都没有保险,而女性的赚钱能力一般比男性弱,所以很多女人离婚后都过得很艰难。

美国人均有四张保单。美国人结婚第一天,一般要写一个遗嘱,双方的财产怎么分配,把婚前、婚后的财产都写得清清楚楚。在中国要有人这样做,一定会被骂成是神经病。这就为将来可能产生的财产分割留下了隐患,而一旦家庭解体,女性往往成为受害者。

多年前,我陪一名营销员去拜访客户。这户人家在当地算是有点名气,所以女主人看不起保险营销员,很不耐烦地对我们说:"你们不用说,给孩子买吧,一个人买一万,一共买两万。"当时的两万也算比较多。于是,我就问她:"小孩子有保险,你们大人不要吗?理财产品也不要?"她说:"我们大人不需要保险,理财产品也不要,我们的回报比你们的理财产品高多了。"

我说:"你能保证永远这么高吗?"她回答:"那我现在起码比你高呀!"我就:"你这么说,那就是不一定。孩子有一万可以变成10万,大人就变不了这么多钱,因为年纪大了。所以,我建议大人买一万,孩子多买点。"她倒是接受了,于是在她家总共收了6万的保费。

后来,我去送保单的时候,本来想给女主人详细讲解一下保险的功用,她说不用。

没想到后来他们离婚了,这个女主人并没有得到很多财产,这时候她才醒悟。幸好她这些年,在我这里陆陆续续为自己和孩子购买了大量的保险,这些保险至少能保证她后半生衣食无忧。

在这个世界上,一辈子的友谊很多,一辈子的爱情却很少。因为爱情本来就充满了太多的变数。所以,作为一个女人,用保险规划自己的人生是很有必要的。

我和很多女性谈保险的时候是这样说的:"买一张保单,它不会说话,但是它懂得对你好,而老公不见得能陪伴你一辈子。因为女性比男性的平均寿命长了将近5岁,也就是说,大多数的女性晚年都要守几年寡。生活中大多数的老公比老婆年龄大2~3岁,这样女性就可能守寡6~7年。"

对女人而言,保险有利息,有分红,有时还会给你惊喜。买第一张保单等于找了一个沉默的老公,买第二张保单等于多了一个孩子,因为这个孩子会陪你慢慢变老。

3

重疾虽痛，保险让痛苦减轻

保险是人生的杠杆，将我们的生命因为风险而产生的不能承受之重，轻轻撬起。

我经常和客户讲："天有不测风云，人吃五谷杂粮，哪有不生病的？"人生当中总有万一，保险就会解决你这种担忧。

2012年的时候，我家里的一位亲戚，是一个8岁的女孩，不幸得了心脏病。后来在北京安贞医院做心脏手术，第一次花了13万元，第二次花了12万元，只要再花10万元就能把这个病治好，但是他们家已经没有钱了。

因为是河北省的户口，在北京看病很多都不能报销。为了省3万元钱，就去石家庄的医院看病。后来在石家庄的医院里，因为手术失败，推进手术室不到半个小时孩子就去世了。因为他们没有保险，没有得到一分钱理赔。

两天后孩子火化拉回来，去的时候是一个活蹦乱跳的小姑娘，回来的时候只有一个骨灰盒和一张照片。我心里特别难受，想劝也没法劝，想说也没法说。

我做保险这么多年，但是我的家人很长时间都没有买保险。我二哥是做生意的，比较有钱，但是十几年一直没向我买过保险。他认为我是在赚他们的钱，碍于情面，我也没有强求。发生这件事之后，我觉得不能再等。

有一天，我请二哥、二嫂一起在外面吃饭。席间让服务员拿来两张纸，我很认真地在纸上写了两句话：第一，二哥二嫂，我跟你们讲过保险，现在咱们家人发生这种情况你们还不买保险，以后你们有什么事别找我，别埋怨我；第二，我保证一辈子不跟你们借钱，请你们也一辈子别跟我借钱。签上名，兄弟还是兄弟，按上手印就生效。

过了三天，二嫂就让孩子给我打电话："叔，我妈要请你吃饭，她要买保险。"我过去后，二嫂说他们家押了很多货，钱有点紧张，问我买什么保险合适？"

我反问她："人会不会老？"她说会老。我说："那你就不可能永远都能做生意，养老保险是人人都要的。你买一两万保险，也不会影响你们的生意和生活。"最后他们决定每人各买5万的养老保险，总共买了10万。我又说："家里人都得重大疾病了，你们都这么大年纪了，再不买重大疾病险，以后想买也买不了。"于是两个人又买了重疾险。最后总共交了近15万的保费，总算有了一些基本的保障了。

我一次，我去见一个客户，他为人豪爽，生意做得很大。那天刚好应酬回来，见到我就说："咱们喝点酒。"我虽然不太会喝酒，但还是同意了。他就跟太太说："你去弄点菜来，我和兄弟喝几杯。"

我们边喝边聊，他是一个性情中人，一喝酒，话匣子就打开了。从他如何带着几个人艰苦创业开始，中间一路打拼，说到今天的成就。

我对他说："兄弟，你还是得买点重大疾病保险。"他一听就生气了："你这不是咒我吗？"

我很诚恳地对他说："你既然拿我当兄弟，我就得为你着想，你每天都应酬，成天都处于忙碌当中，不能好好休息，更不能像我这样到处去旅游放松，所以买点重疾险是很有必要的。"他有点不耐烦地说："行了，给你一万块钱。"我说："不是你给我一万块，而是得买十年。你要相信我，我敢对菩萨保证，重大疾病险有一天一定能帮到你。"看到我说得这么肯定，他也信了，说："行，十年就十年。"

结果不出我所料，到了第三年，还没到交保费的时候，女主人给我打电话："你哥他住院了，他的住院医疗，这个保险管吗？"我说："管呀！我现在就去医院看他。"这个时候理赔就显得非常重要，因为这个男主人是当地小有名气的人物，他能不能得到理赔，大家都睁大眼睛看着呢！好在理赔三天就下来了。

第九章
超级说服

他出院时，很多三流九教的人去看他，有的送花，有的送钱，很多人都是给一百、一千，最多的有一万。这时候我提着个大袋子去了，到了那儿，我把钱倒出来，整整一大盆。对他说："大哥，这是 20 万！"他吃了一惊："没想到，这保险还真能赔！"

我说："当然，你那时要是买 40 万，就能赔 40 万。"他很开心，马上对他那些兄弟说："你们看，保险赔了我这么多钱，你们都要买保险！"

我有一个客户是个体户，很有钱，但他不认可保险。他老婆有医疗保险，后来她做了一个小手术，我去她家办理赔。男主人说："太麻烦了，没花多少钱，报不报都没多大的事。"他的意思是他有钱，不在乎。我耐心地跟他沟通了很多次，最后他碍于面子买了一份小保险，但是心里还是不认可保险。

我当时发现这个男主人身材比较胖，他的腰围已经超过腹部，从医学的角度来讲，这种情况多数是不太健康的。所以，我就善意地提醒他注意心脑血管疾病、糖尿病之类的症状。他自信满满地说："我多少年感冒都没有过，更没有吃过药。"

过了一年多，2014 年春节后没多久，他的保险刚过了观察期。他的家属就给我打电话，说他住院了，是脑梗。我们赶到医院看他，这时候他说话已经不清楚了，由他的侄子转述给我们听。

过了一个星期，他老婆给我打电话，因为他要出院了，询问要准备什么理赔资料。但是到第二天，她突然又打电话来说："你们过来看看吧，他又住院了，身体不行了。"

原来是计划星期一出院，但是他不想在医院住了，急着想回家。刚走到医院门口,因为突发性大面积脑溢血,一下就躺倒在地上。儿子急忙把他送回医院急救室抢救。在救急室抢救了三天,还是没有醒来,又送进 ICU 病房躺了三个月,最后成了植物人,只能靠流食维持生命。

他原来是一米八几的大高个,体重有 200 多斤,后来瘦得皮包骨头,一个多月后就去世了。医药费是一个巨大的数目,好在他家里是做生意的,还能支撑。他在我们公司投的那份小保险,一共赔了他 8 万多元。他走之后,他的家人开始明白风险无处不在,保险真的非常重要,后来在我们公司买了很多保险。

经过这些事,我明白了重大疾病是人生必备的一个险种。从此以后,我都会要求我的客户配置重大疾病险。如果他们实在不愿意买,我就让他自己在一张纸上签字,说明我已经尽到我的提醒和建议的责任,是他们自己放弃的。今后如果他们得了大病,就不要找我了,因为他们买的就是储蓄型的分红险,而没有配置更重要的大病保险。

我这么做之后,有许多客户开始认真思考重疾险的问题。事实上,每个人身边都能看到这样的案例,仔细想想谁都怕。此后,我的重疾险保单明显增加了。

沧桑人生，最美不过夕阳红

每个人或许都有不同的家庭背景和人生路径，只有养老不可逃避，也成为我们沟通中的共鸣，并易于达成共识。

中国有一句俗话，叫"富不过三代"。年轻时有钱不叫有钱，老的时候有钱才叫有钱，所以说最美不过夕阳红。

我经常带客户去北京爬长城、逛故宫，我发现旅游的好多都是外国的老头老太太，因为他们年轻的时候就做好了保险规划。中国人是儿子长大了让孩子结婚，然后想着如何抱孙子。特别是女人，真是太悲哀了，操劳一辈子把孩子养大，成家立业，又开始给孩子带孩子。她这一辈子最大的成就是什么？哄孩子！

我在给客户讲课的时候，做过一个现场调查。现在很多家庭，孩子都是由老人带大的，可是问孩子知不知道爷爷奶奶和姥爷姥姥的名字吗？结果很多孩子都说不知道。

但是，如果爷爷奶奶、姥爷姥姥给孙子、外孙买一份保险，孩子一定知道他们的名字。

时代在变，现在，保险才是最好的养老方式。人生有了7张保单，就如同有了7个"儿子"可以养你，这比什么都强。

人活着不容易，一生辛苦地工作，在春风得意的时候要给自己留一点后路。你在有钱的时候应该为身体做理财，为自己的财富做理财，否则老的时候会很凄惨。

我们那里有一个老太太，她有三个儿子，两个女儿。可她生病时却被扔在医院，连3000元的押金都没有人去交。老太太凄凉地说："有5个孩子又有什么用？"无奈之下，老人打了110。如果她有5张保单，情况就完全不一样了。一张保单一个月领1000元，就有5000元。她还用担心没人养她吗？如果她身故，则可领到100万，她的孩子说不定抢着照顾她。所以，一个人的观念是非常重要的。

但改变客户的观念也不是那么容易，我们和客户要多沟通，也要多学习。首先得从自己做起，你要了解保险，相信保险，买保险，你才会有切身体验。你才可以对客户现身说法，晓之以情，动之以理，打动客户，改变他们的观念。

为什么中国人有钱叫"土豪"，外国人有钱叫"贵族"？保险在其中起到了很大的作用。只有人寿保险是不离不弃爱你一万年，会给你的人生带来不同的效果，可以让你富过三代。

财富的智商管理中有一句话：如果你赚的钱留不住，赚钱为了什么？没有保险作为财富的基石，辛辛苦苦挣的钱就会因为市场风险、疾病、意外事故等现象而付之东流。

有的时候客户说："我没买保险，我有钱。"但是未来你怎么解决？藏富和传承有什么手段？有些客户说买一个门店，但是门店也就六七十年，门店就没有风险吗？

人寿保险也许不能解决所有的问题，也不是唯一的投资，但是有些问题是必须通过人寿保险解决的。你买不买保险和我没什么关系，但是你买保险一定关系到你的家人和企业，买与不买你自己决定。我只是告诉你，人寿保险是家庭的必需品，人生的必备品。未来因为人寿保险打官司的一定会越来越多，而且官司会越来越大。

在中国，还有个很可怕的现象——很多家庭都是一个孩子。万一孩子有个三长两短，失独了，这对夫妻又不能再生育了怎么办？这时候，养老保险就成了晚年生活的重要保障。

我一直认为保险是世界上人人都需要的产品，每个人都要有几张保单来保障自己的生活，而且它只有在人健康时、年纪不太大的情况下才能购买。

有的客户说："我现在不用买保险。""那什么时候想买保险？"我会问这个客户："是三年？五年？"所以，有钱人多买点，没钱人少买点，保费都是挤出来的，不管有钱还是没钱，借钱也要买一点。买了也就存上了，不买也许一辈子都攒不下钱，这就是保险的意义。

我们要记住新形势下保险理财产品的独特作用：

拥有足够保险的人，房子、车子、存款都是你真正的资产；

拥有少量保险的人，房子、车子、存款就是你的部分资产；

那些没有保险的人，房子、车子、存款只是你的临时资产。

第十章

职业心态

有一句名言:"每一个伟大的行动与思想都拥有一个微不足道的开始。"所以,一个人的目标很重要。你自己选择的路,不要庸庸碌碌,浑浑噩噩。我们要有清晰的定位——我是干什么的?

很多人说:"我没有人脉,我口才不好,可能难以成功。"那么,你看看青蛙和蛤蟆就知道。青蛙虽然好看,但是坐井观天,不思进取,是负能量;蛤蟆虽然不好看,但是想吃天鹅肉,好像有点自不量力,却树立了远大目标,是正能量。所以先天条件差一点不可怕,重要的是要有目标,要有正能量。在保险业,有多少丑小鸭变成了白天鹅!

第十章
职业心态

机会稍纵即逝,成功贵在坚持

成功需要坚持,需要执着的精神,要有耐心,要等待机会。对于一张保单是如此,对于整个职业生涯,更需要有恒心,坚持不懈。

拳王泰森说过一句话:"无论你在什么时候开始,重要的是开始以后就不要停止。"

销售正是如此,也一定要有耐心,有恒心。因为机会就像时光一样,稍纵即逝,很多时候错过了就不会再回来。

2007年,有人给我介绍了一位家喻户晓的歌唱家,她的歌声影响了几代中国人。能够认识她,并为她服务,我很兴奋。

那天我如约去了她家,当时她正在和朋友打麻将。我抽空给她介绍了一款5万元的保险，她同意了，说："你等一下，我先打完这一圈。"可打完一圈又一圈，玩得不亦乐乎，我就一直等她，也不好意思老去催人家。

一直等到快晚上了，我也失去耐心了，心想她可能早就把我忘了，就过去说："李老师，要不然这样吧，等您下次不忙的时候我再上您这儿来签单吧。"她说："不好意思，下次我给你打电话，你再过来。"

我在她们的麻将声中推门而出。后来这张保单也就没有了下文，因为不是她忙，就是我忙，快十年了，至今她还没有成为我的客户。

这件事给了我一个教训，很多机会一旦错过就难以再弥补。尤其是对于高端客户，当时如果没有抓住机会，再联系就困难了，因为他们都很忙。再好的产品，也有人不买。反过来说，再没有意愿的客户，也经不住你的勤奋。如果你找一个客户的次数没有达到100次，那说明你还是有机会的。

我在台湾发现一个有趣的现象，许多棺材店门口有一句广告语："早晚有一天会等到你"。这种对待生死的豁达态度，说明他们的保险观念很强。而我看到这句话，想到的是："只要活着，我就有机会"。

30年前，台湾的银行降息了，一下子降了五个点，很多客户都排队去买保险。再后来保险公司规定每一个客户只能买50万，于是他们又跑到别的公司去买，营销员在这个时候都挣到了很多钱。最后保险公司也降低了利率，保险就没有以前那么好卖了。

这时有 80% 的营销员离开了，只有 20% 的人留了下来。

多年过去了，当时离开的那些营销员在别的行业多数也并不成功，而留守下来的营销员后来都做得非常好。

我第一次去参加 MDRT 大会的时候，认识了一些犹太人朋友。他们对我说："在世界五百强的排名中，历史最长的企业有 292 年。长时间不被淘汰的，是哪一种企业？只有保险公司。"

保险业已经有 300 多年的历史，是一个真正造福社会的事业，也是一个永不衰退的行业，可以做到无穷大。只要你坚持，没有不成功的。

有一年，我在 MDRT 大会遇到 30 年来唯一的一位美国华裔 TOT 会员。她是北京人，30 多年前去了美国。在美国生活半年左右就没钱了，就去找工作，但是她不想做洗碗工、售货员什么的，找来找去都没合适的，最后就想去做保险。前后去保险公司面试了五次，都被拒绝了，因为她不会英语。

但是她不屈不挠，第六次去的时候，她对面试官说，我专门去唐人街做中国人的保单。面试官被她的执着打动了，就叫她试试。

美国的保险代理人周五都不做业绩，不过因为她是做华人高端客户，所以不受时间影响。第二年，她一跃成为全美国的第一名。她一直做了 30 年，后来成为在美国年收入千万美金的业务员。

在 MDRT 大会上，可以看到许多六七十岁的老人，他们还做得很好。

一个人只要在这个行业中坚持 10 年、20 年，他的人脉就会越来越广，方法会越来越多。随着时间的推移，市场环境和老百姓的保险观念都在变,找你买保险的人也一定会越来越多。

我的邻居陈二哥,我等了他19年,他才成为我的客户;我同学的爸爸,我等了他18年才成交;我进入保险业拜访的第一位客户——我的亲叔叔,一直到16年后才成功签单。

虽然当时我爸不让我找亲戚、邻居,但是我叔叔比较有钱,那时候家里就有车,所以我就悄悄去找他。不过叔叔因为有过车险理赔不到位的经历,不再相信保险。他对我说:"你在我们家吃、喝、住都可以,借钱也可以,就是别提保险,我要是买你的保险,我管你叫叔。"

一直到2012年,公司开客户答谢会,我又是第一名,公司安排家人颁奖。由于父亲去世了,我就叫我叔去。他去了之后给我颁奖,公司送了他一桶油,还奖了一个储蓄型的产品。回家后他和我婶商量,然后主动找到我说要买保险,每人交2万元的保费,交5年,一共20万。

签单之后,我同他们吃饭时开玩笑地问我叔:"您还记得16年前我找您买保险的时候,您说过什么吗?"我婶立刻接话说,"你叔和你闹着玩,没想到你小子干这么多年,干得还不错,我们就当存钱了。"

阿里巴巴创始人马云说过一句话:"今天很残酷,明天更残酷,后天会很美好,但绝大多数人都死在了明天的晚上。"可惜的是,许多营销员都因为一时的困难放弃了职业选择,没有坚持到曙光来临。

第十章 职业心态

2

职业、创业、企业

有一句西方谚语：如果你不知道你从哪里来，你也就不知道要到哪里去！

我最初来保险公司是为了解决最基本的温饱问题；第二个阶段就想多挣一些钱；第三个阶段是追求更多荣誉，个人荣誉、团队荣誉、公司荣誉，梦想我更加专业、敬业，为此不断地学习。

做保险不只是一份职业，也是进入一所大学校，我们能学到很多知识，学会做人，学会做事。会做人，一定有好事。

MDRT改变了我，我愿意为更多的家庭服务。有很多人做了百万保单、千万大单，我只是羡慕一下而已。我只想保险回归到最初的真谛——保障，我愿意为千千万万的普通家庭服务，给他们送去保障。因为穷人更需要保障，而富人则需要的是保险。所以我是大保单、小保单都做。

大保单有一定的偶然性。河北有一家小保险公司，全公司的业绩目标是700万，却出了一张千万大单，一个营销员完成的。然而没多久，这个客户却退保了。大家都没有挣到钱，只有他一个人挣到钱了。这是一个值得思考和警惕的事情。

每一个人对保险的理解和诠释不一样，大保单只照顾到某一个人，某一个点，它并没有体现出保险的真正责任和意义。

为什么讲保险是社会的稳定器？是因为保险有特定的社会责任，保险是为广大老百姓提供保障服务的。所以我后来在给客户介绍重疾险的时候，都是让客户自己写保额——你觉得多少钱能治好，你就写多少钱的保额。

我们做保险一定要知道保险理念，也一定要把这种理念销售给客户。那么保险的理念是什么？事实上就是保险的黄金价值。

我相信保险早晚会帮助到每个人，我自己就买了很多保险，最多的是养老险。我粗略算了一下，如果我能活到90岁，从60岁开始，陆陆续续在各家保险公司累计领到的养老金大概是8000多万。

现在还有很多营销员，自己都没有正确的保险观念，没有用保险来保障自己的生活。有些营销员是为了考核、冲业绩，为了奖励方案，为了去旅游才去买保险，甚至旅游回来后，又在想什么时候退掉合适。

我在现实中发现了一个问题：买保险的不一定会出险，不买保险的往往会出险。在我身边，这样的案例太多了，我们团队就发生过一件让人心痛的事。

当时有一个帅气的小伙子，入司一年后，有一天他来找我说他想去做组训。我觉得他有上进心，就支持他去做组训了。他表现得很不错，是同梯队中非常优秀的一位。

后来，他却因为突发心脏病去世了，才刚满26岁。我们大家都非常悲痛，为他落泪。他这么年轻，这么优秀，又高又帅，美好的未来在等待着他。

更让我们心痛的是，他做了三四年保险，自己却没有保险，我们都不敢相信。他曾因为业绩考核给自己上了一份康宁保险，可以赔4.8万元，但是因为两年没交保费已经失效了。他自己做保险却没有保险观念，走后给老婆留下的只有债务。他还有年迈的父母和刚满一岁的孩子，老的老，小的小，这个日子可怎么过？

所以，做保险业务的人自己都不认可保险，都不买保险，你怎么给客户讲，怎么打动客户呢？

我曾经为一个朋友家的四代人服务，当我和这个朋友的家庭由友情变成亲情的时候，我发自内心地感到喜悦和幸福，甚至会被自己感动！假如再过20年，他的小孙女也结婚有小孩了，我在60多岁的时候可以为五代人服务。所以我很感恩这个行业，很感谢我的选择，我选对了！

保险最大的特点不是帮别人输血，而是去造血。所以在这个行业，要有所成就，一定要做好下面几点。

一是用心学习。一个人的观念是长期形成的，改变客户的观念不容易，所以一定要多学习。

二是找出客户的购买点。客户要么爱自己，要么爱家人、爱父母、爱子女，反正总有一点会打动他。永远记住：人比车值钱，身体比财富值钱。中国人把财富留给下一代，但是最值得留给他们的是财富管理的理念。

三是让客户掏钱。帮助客户找到他的需求点，因为保险有很多种，所以买的永远没有卖的精，我们在卖的过程中可以组合起来去销售。

对团队的人、对客户要舍得，也要为社会做公益，因为往往最平凡最温暖的人才能最感动人。要从富人身上学到好的东西，有的富人的财富来源可能是因为机会，但有更多富人是因为自己的努力，是勤奋和智慧让他们积累了大量的财富。

第十章 职业心态

3

冠军之心，方临顶峰

我们的生命可以是一次勇敢的冒险，也可以什么都不做。如果你选择有所成就，就请放大你的梦想，要拥有一颗冠军之心！

香港娱乐圈有"四大天王"。四个人中，长得最帅的是黎明，唱歌最好的是张学友，跳舞最棒的是郭富城。刘德华几乎没有任何优势，但他却是获奖最多的人，因为他非常勤奋、敬业，几十年如一日。其实刘德华的岳父是马来西亚槟城首富，但是刘德华不依附任何人，一直在这个行业打拼，靠自己的努力改变命运。

做保险也一样。同样的公司，同样的产品，同样的保费，同样的保额，客户为什么向别人买了，而没有选择你？你是一流、二流，还是三流、四流、五流的营销员？

为什么有的人做得不好？不是产品不行，而是你的人不行，你没有正能量。如果你想成功，千万不要和负能量的人在一起。

我们公司有一个这样的人，看到有人增员，他就说："保险没法干了，我过两天就离司。"可是13年过去了，他还没有离开。一到冲刺业绩的时候，他就说去旅游，旅游时还嘀咕又坐这种小飞机。旅游途中他却比谁都吃得多，自助餐每次要装满两盘。这样的人，再干13年也不会有什么进步，因为他根本没想进步。

一个人心在哪里，收获就在哪里。既然选择做销售，选择人寿保险，就要踏踏实实地做好。保险不用卖，保险卖的是观念，是你和客户的交情。不是产品吸引客户，而是人吸引了客户。当你和客户真正成为朋友的时候，当你建立良好信赖关系的时候，保险还用卖吗？

世界上最年轻的TOT，只有18岁。18岁可以做到TOT，为什么？因为她的爸爸妈妈、爷爷奶奶都是TOT。她小的时候，想要一个小小的手风琴，当时相当于人民币六七百元。她的父母告诉她："我给你100张宣传单，在下午第三节的自习课上，发给同学100张宣传单。"她照做了，到月底就成交了13张保单，她顺利地得到了手风琴。后来她想和父母一起度假，不管是夏威夷，还是其他某个地方，她到了之后一定先去帮父母找客户。

有一部影片叫《美梦成真》，反映的是残奥会，残疾人运动员用一条腿都可以奔跑，我每次看了都非常感动。相比之下，我觉得做保险一点都不累，每天都是被笑醒的。

世界上有很多的奥秘永远没有人告诉你，比如说可口可乐的配方，一定不会公开。但是人寿保险是一个崇尚分享的行业，不管是不是同一家公司，很多成功的老师都会把技巧、方法分享给同行。在我看来，如果要评选最可爱的人，除了军人，还有人寿保险推销员，因为他们在传递爱与责任。

苏丹说："谈到钱这个问题，多数人都希望能稳健地赚钱，但是他们却很少有赚钱的欲望，所以很多人从来没有钱。"

为什么有些营销员不成功？因为他们的欲望还不够，努力还不够。只要勤奋，就一定能赚到钱。你是否有钱，自己看着办。

美国篮球巨星乔丹说："需要梦想，梦想比成功更重要。"

一定要把你的梦想放大，要有一颗冠军的心。我们的生命可以是一次勇敢的冒险，也可以什么都不做。如果你漫无目标地生活，你的人生就像一艘没有舵的船，不知何去何从。

目标很重要，行动更重要。现在真是大好的时机，别让机遇错过你，你可以去做业绩，也可以去增员，在这个行业中，你可以赚很多的钱，就看你怎样行动。理想的路，总是为那些有信心的人准备着。生命十分短暂，如果你耽误了，就无法期望重来一次。

在从业的过程中，还需要热情。如果你失去热情了，就要停一停。

最后，做保险要有信仰，有了信仰，你的人生才会谱写出华美的乐章。

在信仰的驱使下，保险营销员不但需要设立业绩目标，更需要精神目标。精神目标就是做一个有追求、有价值、有使命的营销员，成为一个爱的使者。

外面的世界真的很精彩，营销伙伴们要去外面的世界看一看，特别是MDRT，要去感受MDRT的爱与责任。人与人的成就，差的就是视野。一个人住在三层，一个人住在三十层，可能房子的大小、结构完全一样，但是视野显然是不一样的。

在MDRT，你会发现一个现象——做保险的人越做越年轻。许多人做50年的MDRT，很多人超过80岁还在做保险！

2006年，我第一次去MDRT，那位送我去机场的西班牙老人每年都去MDRT，我也每年都去。九年后的2015年，我在美国新奥尔良MDRT年会上又遇到他，他患上了帕金森症，已经不能讲话了，但他还是来参加年会。他把我介绍给他弟弟——也是一名MDRT终身会员。他弟弟用手机教我怎么卖保单，一直教了我两个多小时，直到手机没电了。这是一种怎样的感动！不在现场的人是永远体会不到的。

在MDRT年会，我还遇到一位美国黑人所罗门·希克斯，他写过一本书——《点亮生命的智慧之光》。他原来是出租车司机，他父亲就是开出租车的。35岁的时候，他的孩子出生了，妻子对他说："所罗门·希克斯，你不要开出租车了，我不想我们的孩子以后再开出租车。"于是他就去推销保险。黑人做保险是很不容易的，他的第一张保单是7美金的意外险，后来又卖了很多重疾保单。65岁的时候，他卖了一张很大的保单——年交保费1000万，为此，他坚持了30年！

我们要立志达成MDRT！只要我们坚持信念，一年大约六七十万的保费，每个月做五六万的保费就可以达成。

我的目标是做 50 年 MDRT 终身会员，现在已经有 16 年。再过 30 多年，我 70 多岁，我觉得没问题，因为我很乐观。别人问我多大了，我说我 24 岁，其实我是 42 岁。

我给自己立下三个人生目标：

第一个，精彩人生由你掌控。我相信我就是千万富翁、亿万富翁，从来没想过我做不到。

第二个，我越老越值钱，越老越有"钱途"。因为我通过人脉认识了更多的人，我相信这个行业"钱途"无限。

第三个，我要向全世界最伟大的推销员挑战。美国销售之神乔·吉拉德售出了 13001 辆汽车，连续 12 年成为全美销售冠军，直到 84 岁才退休。我拥有 776 天连续签单的洲际纪录，现在拥有 6000 多个客户。等到我有 7000 多个客户的时候，我就申请第二项吉尼斯世界纪录。所以我给自己定下目标——不到 80 岁不要退休！

人寿保险最大的魅力是给你一个喜悦的人生。我经常跟客户这样分享："喜悦的人生，就是有若干张保单陪你慢慢变老。"

保险是我的一种情怀，我是一个保险痴迷者。如果有来生，我还会选择做保险！

附录一
他们眼中的吕启彪

廖姐（吕启彪忠实客户）：

他是上天安排来做保险的

吕启彪很有正能量，很热爱自己的工作。他非常执着。有时我感觉他像个军人，干练、利索，坚强有韧性，尽心尽责，这些军人的优秀品质他都有。

这"孩子"有一个很大的优点——非常尊重人。他总是对人微笑，非常诚恳。对客户很用心，非常有耐心，一直稳坐在这里，保持着微笑，显得非常专注和专业，从不夸大事实，只是给我传递信息，也总能说到我心里去。我信任他，我所有的保险业务都交给他打理。

他非常有爱心，对每一个人都很关爱。一年的服务做好容易，二十几年的服务都坚持做好就很不容易,但他做到了。

我为了进一步了解吕启彪、考察保险公司可不可靠,曾有一段时间去了他的团队学习。我更加体会到他们的不容易,他能做到的事,我做不到。我想,吕启彪就是上天安排来做保险的。虽然我从不当面表扬他,但是我打心眼儿里佩服他、欣赏他。总之,他除了个子不太高,挑不出任何毛病!

李丽(吕启彪16年的助理):

他的热情和专注影响了团队

吕经理非常热爱这个行业,他把所有的热爱、热情、精力都献给了这个行业。无论是销售还是服务,他都做得非常好,大家都心服口服。

他对人非常真诚,非常尊重自己的客户,他所有的保单一拿回来,都会很细心地写上一句话:我愿意为您和您的家人服务!人寿保险是我终身的职业!

客户出险以后,我们会及时赶到现场。理赔的时候,他总是尽力保护客户的利益,让客户满意。客户提出要求,只要他能做的,都会尽力做到。

尽管他现在的业绩已经非常好了,但是不管大单小单,他都做,因为他希望让更多的客户拥有保险,得到保障。

他非常谦虚,总是说自己所有的成绩是跟大家分不开的。他是一个乐于付出的人,懂得感恩和回馈。他资助了20多个贫苦儿童,但是从来不宣传。

唐海涛（吕启彪助理）：

他是一个充满正能量的人

吕经理21年如一日用心付出，为客户做了大量服务。他非常细心，是一个有心人。认识一个客户，就把客户的信息，比如住哪个小区、家庭成员、生日、喜好等详细地记录下来。有些客户十几年没见面了，一见面他居然还能认出来。

他是一个充满正能量的人，特别好相处。我跟他在一起，学到了很多东西，比如他做人的原则、处理事情的方法等等。他脑子总能装下很多东西，观察力也非常好，我们没有注意的东西他都能注意到，并及时提醒我们。

他非常忙，但他总能让自己保持很好的状态。出去讲课时很累，但他每次在飞机上，都会利用这个机会看书学习。

陈春月（MDRT新西兰地区主席）

启彪是保险界的李连杰

有一年，我在台湾参加一个保险大会，本来要去听庄秀凤老师的课。庄老师说，有一位来自大陆的很重要的老师与她同时讲课，要我去听，并给我一支录音笔，帮她全程录音。

我进到课堂时，里面已经座无虚席，没想到这位很重要的老师这么年轻，长得有点像李连杰。他的演讲非常精彩，完全把我吸引住了。听完后去庄老师那里，才发现根本没有录音，被庄老师狠狠地"骂"了一顿。

第二次吕启彪又来台湾讲课，我全程陪同，逢人就介绍："吕老师就是我们保险界的李连杰。"久而久之，我们成了好朋友。他很少当面表扬我，却总是在背后说我好，让我非常感动！

启彪在保险行业做得好，课也讲得好，而且还能这么真诚和谦卑，这样的人少之又少。跟他在一起，我能学到更多的东西，得到更多的进步。

郑灵芝（MDRT 华东区域主席）

吕启彪是同行的标杆

我多次和吕启彪一起参加 MDRT 年会。每次在 MDRT 年会上，他都会与许多同行们分享 MDRT 的全人理念，我们都会一遍一遍深受启发，感情到他对保险的爱与责任。

他有强烈的竞争信念，一次次挑战艰难，不断超越自我，屡屡获得至高无上的荣誉与成就。他真的是为了保险而生的，随时随地都在想着保险，即使在 MDRT 年会上，也能把保单卖给很多优秀的同行，简直不可思议。

启彪很年轻，却是我最崇敬的保险大师，是中国寿险代理人的标杆。在他身上我学习到了坚持、坚持，是对寿险这一大爱事业的忠诚，也是取得成功的必经之路！

李墨（知名保险媒体人）

启彪是导师级的保险人

近十年来，我接触过，也深度采访过许多国内知名的保险代理人。他们每个人身上都有许多值得同行学习的优点，但是吕启彪是最独特的一个。

在中国顶级的保险精英中，吕启彪看起来是最朴实的一个，却是国内为数不多，真正把保险当作一种信仰在践行的一个。他对于保险的理解，比同行要深刻得多，并且全身心投入。无论是客户，还是同行，都会感觉到他对人、对事业的真诚，感觉到他身上难以抗拒的吸引力。他虽然年轻，却是真正可以称为导师的中国保险人！

附录二
吕启彪荣誉全记录

1997—1998 年荣获省公司销售精英金质奖章

1999—2016 连续 18 年获中国人寿销售精英金质奖章、精英俱乐部钻星会员

2000 年荣获省公司销售主管金质奖章

2001 年连续签单 53 天,创河北省纪录

2002 年荣获总公司销售主管金质奖章,连续签单 123 天,创全国纪录

2003 年入围总公司赴新马泰高峰会,荣获省"十佳明星"称号

2004 年入围总公司精英俱乐部会员,当选河北省精英会主席

2005 年入围总公司赴瑞士高峰会,荣获保险行业协会"保险之星"称号

2006 年入围总公司赴奥地利高峰会,荣获"人民大会堂"表彰

2007 年荣获总公司"新单保费"和"新单件数"两项功勋奖

2008 年连续签单 776 天,创洲纪录,获中国保险十大金圆桌"最佳持续开单奖"

2009 年荣获总公司功勋金质奖章,中国保险十大金圆桌"最佳保单件数奖"

2010 年入围总公司台湾高峰会,荣获中国保险十大金圆桌"最佳保单件数奖"

2011 年入围总公司巴黎高峰会,荣获中国保险精英圆桌大会"终身会员"奖

附录二
吕启彪荣誉全记录

2012 年荣获总公司功勋金质奖章，单月挑战重疾保单 139 件中国纪录
2013 年入围总公司长白山高峰会，荣获中国金融业诚信服务"九鼎财富奖"
2014 年入围总公司郑州高峰会，荣获"中国理财十年影响力讲师"大奖
2015 年入围总公司长沙高峰会，荣获"年度 MDRT 特训营十大名师"称号
2016 年入围总公司澳门高峰会，荣获"全球国际保险名家奖"
2016 年国家人社部认证颁发"高级理财规划师"
2017 年授予"世界保险互联网大会河北区主席"
2017 年授予"全球保险业最高荣誉保险名家奖"
2017 年授予"中国保险十大影响力讲师"
2017 年授予"中国百强保险营销员荣誉称号"
2017 年荣获中国第四届行业影响力峰会荣誉个人品牌奖项
河北省企业家协会会长、省公司高峰会会长
总公司营销 20 年功勋成就奖、精英俱乐部副主席
台湾中华保险理财规划人员协会 6 届金勤奖大陆讲师
荣获中国保险行业协会 5 届"十大保险明星"、"保险之星"称号
美国百万圆桌连续 16 年会员，连续 9 年 TOT 会员（终身会员）
中国保险精英圆桌大会连续 14 年顶级会员（终身会员）
亚太金融高峰会九鼎奖连续 14 年金鼎奖（终身会员）
世界华人国际龙奖连续 16 届金龙、白金龙奖
中华保险与理财规划人员协会连续 5 届金勤奖
连续签单 776 天，洲际纪录保持者
美国百万圆桌大会中国区讲师、华北区主席
中国保险精英圆桌大会讲师、分会主席
亚太金融高峰论坛大会讲师
香港、澳门、新加坡和马来西亚保险行业协会特约讲师
台湾保险与理财规划人员协会特约讲师
深圳永兴科技有限公司特约理财顾问
深圳富迪企业管理有限公司特约讲师
百度、搜狐、新浪网保险服务网特约理财顾问
向日葵保险网、保保网、保视网好望角理财网特约理财顾问